AF094143

www.ingramcontent.com/pod-product-compliance
Lightning Source LLC
LaVergne TN
LVHW010618070526
838199LV00063BA/5183
9789358721027

سقوطِ حیدرآباد کی کہانی:
پنڈت سندر لال کی زبانی
(تحقیق)

[اردو روزنامہ 'اعتماد' (حیدرآباد، تلنگانہ، انڈیا) میں سنہ ۲۰۱۳-۱۴ء کے دوران شائع شدہ سات دستاویزی تحقیقی مضامین]

مرتبہ:

ایم۔ اے۔ ماجد

© Taemeer Publications LLC
Suqoot-e-Hyderabad ki kahani , Pundit Sundarlal ki zabani
by: M. A. Majid
Edition: March '2024
Publisher :
Taemeer Publications LLC (Michigan, USA / Hyderabad, India)

ISBN 978-93-5872-102-7

مرتب یاناشر کی پیشگی اجازت کے بغیر اس کتاب کا کوئی بھی حصہ کسی بھی شکل میں بشمول ویب سائٹ پر اَپ لوڈنگ کے لیے استعمال نہ کیا جائے۔ نیز اس کتاب پر کسی بھی قسم کے تنازع کو نمٹانے کا اختیار صرف حیدرآباد (تلنگانہ) کی عدلیہ کو ہو گا۔

© تعمیر پبلی کیشنز

کتاب	:	**سقوطِ حیدرآباد کی کہانی: پنڈت سندرلال کی زبانی**
مرتب	:	**ایم۔اے۔ماجد**
پروف ریڈنگ / تدوین	:	مکرم نیاز
صنف	:	تحقیق
ناشر	:	تعمیر پبلی کیشنز (حیدرآباد، انڈیا)
سالِ اشاعت	:	۲۰۲۴ء
صفحات	:	۶۰
سرورق ڈیزائن	:	تعمیر ویب ڈیزائن

فہرست

(۱)	باب:۱	8
(۲)	باب:۲	15
(۳)	باب:۳	23
(۴)	باب:۴	31
(۵)	باب:۵	40
(۶)	باب:۶	48
(۷)	باب:۷	55

The Hyderabad massacres were the mass killings and genocidal massacre of Hyderabadi Muslims that took place in the aftermath of the Indian annexation of Hyderabad (Operation Polo). The killings were perpetrated by local Hindu militias, assisted by the Indian Army. An official "very conservative estimate" puts the total civilian death toll at 27,000–40,000 civilians between September–October 1948; other scholars have put the figure at 200,000, or even higher. Apart from mass killings, activists such as Sundarayya mention systematic torture, rapes, and lootings by Indian soldiers.

The 'Pandit Sunderlal Committee' that was commissioned by Jawaharlal Nehru, in his "personal capacity", and contained Pandit Sunderlal, Kazi Abdul Ghaffar, Maulana Abdulla Misri, and Farrouk Sayer Shakeri to "study existing conditions and help in the establishment of communal harmony." The report, although made in 1948, was kept hidden from public eyes, until it was made available in September '2013 for viewing at the Nehru Memorial Museum and Library, New Delhi.

Reference:
Hyderabad massacres [Wikipedia]
https://en.wikipedia.org/wiki/Hyderabad_massacres

ابتدائیہ

آندھرا پردیش کی تقسیم اور تشکیل تلنگانہ پر حکومت ہند کی جانب سے قائم کردہ گروپ آف منسٹرس کے سامنے آندھرا پردیش کی مختلف سیاسی جماعتوں کے نمائندوں نے اپنے اپنے موقف کو پیش کیا۔ کل ہند مجلس اتحاد المسلمین کی جانب سے صدر و رکن پارلیمنٹ اسد الدین اویسی نے گروپ آف منسٹرس کو ایک ضخیم دستاویز پیش کرتے ہوئے حیدرآباد کے سیاسی موقف پر نمائندگی کی ہے۔ اس نمائندگی میں کچھ ایسے تاریخی پہلو بھی پیش کیے گئے ہیں جو اب تک بہت کم منظر عام پر آئے ہیں۔

سقوط حیدرآباد کے ساتھ ہی جو قیامت صغریٰ برپا کی گئی اس کا جائزہ لینے کے لئے اس وقت کے وزیر اعظم ہند پنڈت جواہر لال نہرو نے پنڈت سندر لال کی قیادت میں ایک سہ رکنی وفد روانہ کیا تھا۔ اس وفد نے جو رپورٹ تیار کی تھی اس کے ذریعے اس بات کا ثبوت ملتا ہے کہ سقوط حیدرآباد کے نام پر کس طرح سلطنت آصفیہ کے حدود میں قیامت صغریٰ برپا کی گئی۔ سقوط حیدرآباد کو ہوئے ۶۵ سال گزر چکے ہیں لیکن حکومت ہند نے پنڈت سندر لال کی اس رپورٹ کو باقاعدہ طور پر منظر عام پر نہیں لایا۔ بیرسٹر اسد الدین اویسی نے کافی محنت اور جستجو کرتے ہوئے اس رپورٹ کو محفوظ اسنادات سے نکال کر اس کے ذریعے حیدرآباد کا مقدمہ پیش کرنے کی کوشش کی ہے۔ اس رپورٹ میں کیا درج ہے، اس کو یہاں پیش کیا جارہا ہے۔

ایم اے ماجد –

(اعتماد نیوز، یکم ر دسمبر ۲۰۱۳ء)

باب:۱

ریاست آندھراپردیش کی تقسیم اور علیحدہ ریاست تلنگانہ کی تشکیل کیلئے سرگرمیاں تیز ہوگئی ہیں۔ تقسیم ریاست کیلئے راضی اور عدم راضی فریق اب شہر حیدرآباد پر اپنی اپنی دعویداری کے ذریعہ تقسیم کی سوداگری میں مصروف ہیں۔ حیدرآباد کے ایک شہری ہی نہیں ایک علاقہ ہی نہیں بلکہ یہ تاریخ، تہذیب، تمدن، سماجیت، معیشت کا ایک ایسا مرکز ہے جو اپنی ایک منفرد پہنچان رکھتا ہے۔

سقوط حیدرآباد (۱۷ استمبر ۱۹۴۸) سے لے کر تشکیل ریاست آندھراپردیش (یکم نومبر ۱۹۶۵) سے آج تک شہر حیدرآباد سیاسی طور پر موضوع بحث بنارہا۔ سقوط حیدرآباد کے وقت حیدرآباد پر کیا گذری اس کے بارے میں بہت کم صحیح معلومات دستیاب ہوئی ہیں۔ ملک کی سرکردہ دانشور و کالم نویس اے۔جی نورانی نے اپنی ایک کتاب "حیدرآباد کی تباہی" کے عنوان پر شائع کی ہے۔ جس میں حیدرآباد کی بربادی کا احاطہ کیا گیا ہے۔

آندھراپردیش کی تقسیم اور تشکیل تلنگانہ پر حکومت ہند کی جانب سے قائم کردہ گروپ آف منسٹرس کے سامنے آندھراپردیش کی مختلف سیاسی جماعتوں کے نمائندوں نے اپنے اپنے موقف کو پیش کیا۔ کل ہند مجلس اتحاد المسلمین کی جانب سے صدر و رکن پارلیمنٹ اسدالدین اویسی نے گروپ آف منسٹرس کو ایک ضخیم دستاویز پیش کرتے ہوئے حیدرآباد کے سیاسی موقف پر نمائندگی کی ہے۔ اس نمائندگی میں کچھ ایسے تاریخی پہلو

بھی پیش کیے گئے ہیں جو اب تک بہت کم منظر عام پر آئے ہیں۔

ان تاریخی پہلوؤں میں پنڈت سندرلال کی وہ رپورٹ بھی شامل ہے جس سے اس بات کا ثبوت ملتا ہے کہ سقوط حیدرآباد کے نام پر کس طرح سلطنت آصفیہ کے حدود میں قیامت صغریٰ برپا کی گئی۔ سقوط حیدرآباد کو ہوئے ۶۵ سال گزر چکے ہیں لیکن حکومت ہند نے پنڈت سندرلال کی اس رپورٹ کو باقاعدہ طور پر منظر عام پر نہیں لایا۔ بیرسٹر اویسی نے کافی محنت اور جستجو کرتے ہوئے اس رپورٹ کو محفوظ اسنادات سے نکال کر اس کے ذریعے حیدرآباد کا مقدمہ پیش کرنے کی کوشش کی ہے۔ اس رپورٹ میں کیا درج ہے، اس کو یہاں پیش کیا جارہا ہے۔

"حکومت ہند نے ہم سے یہ کہا کہ خیرسگالی مشن کے طور پر حیدرآباد روانہ ہوں اور ایک رپورٹ پیش کریں۔ یہ وفد پنڈٹ سندرلال، قاضی عبدالغفار اور مولانا عبداللہ مصری پر مشتمل تھا۔ نومبر ۱۹۴۸ء میں حیدرآباد پہنچا اور دسمبر ۱۹۴۸ء کو دہلی کیلئے روانہ ہوگیا۔ ریاست حیدرآباد کے ۱۶ اضلاع کے منجملہ ۹ کا اس وفد نے دورہ کیا جن میں ۷ ضلع مستقر، ۲۱ ٹاونس اور ۲۳ ۱اہم مواضعات شامل تھے۔ ان علاقوں کے دوروں کے علاوہ ہم نے ۱۰۹ مواضعات کے جہاں کا ہم نے دورہ نہیں کیا، تقریباً ۵۰۰ سے زائد افراد سے ملاقاتیں کیں۔

ملاقاتوں کے علاوہ ۱۳ جلسہ عام اور ۲۷ خانگی نشستوں جن میں ہندو، مسلمان، کانگریسی، سرکاری عہدیدار، جمعیۃ علماء کے ارکان، مجلس اتحاد المسلمین کے ارکان، مختلف تعلیمی اداروں کے اسٹاف و طلبہ، ترقی پسند مصنفین کے ارکان اور ان کے انجمنوں کے نمائندے ہندوستانی پرچار سبھا کے ارکان و نمائندوں کو اس مشن کے ارکان نے مخاطب کیا۔

جن اہم شخصیتوں سے ہم نے ملاقات کی اور ان سے بات چیت کی ان میں اچ اچ ڈی نظام (نواب میر عثمان علی خان بہادر)، اچ اچ ڈی پرنس آف برار (اعظم جاہ بہادر)، سوامی رامانند تیرتھ، میجر جنرل جے این چودھری، ڈی ایس کھلکے چیف سیول اڈمنسٹریٹر، ڈاکٹر ملکوٹے، رامچندر راؤ، راماچاری، کے ودیا، وینکٹ راؤ وغیرہ قابل ذکر ہیں۔

ان تمام اجلاسوں، نشستوں، ملاقاتوں اور بات چیت کا ایک ہی نقطہ نظر تھا، وہ مختلف طبقات کے درمیان خیر سگالی رشتوں کو بنانا اور خیر سگالی ماحول کو پیدا کرنا۔ عوام سے یہ اپیلیں بھی کی گئیں کہ وہ ماضی کو بھول کر امن و آشتی کے ساتھ زندگی گزارنے مل جل کر کام کریں۔ ان نشستوں اور اجلاس میں حکومت ہند کی پالیسیوں کا مکمل خلاصہ کیا گیا۔ ہندیونین کا یہ مقصد بیان کیا گیا کہ وہ حیدرآبادی عوام کیلئے ایک سیکولر حکومت کی فراہمی چاہتے ہیں۔ بلا لحاظ مذہب و ملت، ذات پات تمام کو مساویانہ آزادی اور شہری حقوق دیئے جائیں گے اور انہیں ترقی کرنے اور آگے بڑھنے کے مواقع حاصل ہوں گے۔ حیدرآباد میں متعین کئے گئے ملٹری اڈمنسٹریشن کو یہ واضح کیا گیا کہ وہ حکومت ہند کی پالیسیوں کو روبہ عمل لانے اپنا فرض نبھائیں اور اسی کے مطابق کام انجام دیں۔

ہم یہ مکمل طور پر سمجھتے ہیں اور ہمارا مقصد واضح ہے کہ ہمارا نہ تو ایک تحقیقاتی کمیشن ہے اور نہ ہی پولیس ایکشن کے بعد جو واقعات رونما ہوئے ہیں اس کی چھان بین کی جائے لیکن ہم نے جو کچھ دیکھا ہے اس کو بیان کرنا اور حیدرآباد میں ہمارا جو دورہ رہا اس کو ملحوظ رکھتے ہوئے اس کی اہمیت کے ساتھ ہم یہ محسوس کرتے ہیں کہ ہمیں جو موقع دیا گیا ہے ہم حیدرآباد و اطراف بلدہ اور دیگر حصوں میں جو کچھ واقعات ہوئے ہیں اس کو علم میں لائے بغیر ہمارا فرض مکمل نہیں ہوگا۔

ریاست حیدرآباد ١٦ اضلاع پر مشتمل ہے۔ جہاں ٢٢ ہزار سے زائد مواضعات ہیں۔

ان کے منجملہ صرف ۳اضلاع کو چھوڑ کر ریاست کے بیشتر علاقے فرقہ وارانہ ہنگاموں سے پاک نہیں تھے اور ان تین اضلاع میں بھی جزوی طور پر کچھ نہ کچھ واقعات ہوئے۔ ابتداء میں رضاکار انتہاپسندوں کی سرگرمیوں ار بعد میں نظام حکومت کے تباہ ہونے کے سبب یہ حالات کافی ابتر ہوگئے۔ ۴اضلاع ایسے تھے جہاں حالات کافی حد تک خراب رہے لیکن دیگر ۸اضلاع کو نظر انداز نہیں کیا جاسکتا جہاں کے وقاعات قیامت خیز ثابت ہوئے۔ ان ۸شدید ترین متاثر اضلاع میں ۴اضلاع ایسے ہیں جو شدید ترین طور پر متاثر ہوئے ہیں۔ ان میں عثمان آباد، گلبرگہ، بیدر، ناندیڑ شامل ہیں۔ ان چار اضلاع میں بے شمار لوگ ہلاک کئے گئے۔ گڑبڑ کے دوران اور پولیس ایکشن کے بعد ان اضلاع میں جو واقعات ہوئے ان میں کثیر ہلاکتیں ہوئیں۔

ایک محتاط اندازہ کے مطابق ۱۸ہزار سے زائد افراد کو ہلاک کیا گیا۔ دیگر شدید متاثرہ ۴اضلاع میں اورنگ آباد، بیڑ، نلگنڈہ اور میدک شامل ہیں۔ ان اضلاع میں جو لوگ ہلاک ہوئے ہیں ان کی تعداد ۳۵۰۰تا ۴۰۰۰تک بتائی جاتی ہے۔ ایک محتاط اندازہ کے مطابق پولیس ایکشن کے بعد ۲۵ تا ۳۰ہزار افراد ساری ریاست میں ہلاک ہوئے اور ان میں ۹۰ فیصد ان متاثر ۸ اضلاع سے تھے۔ (عثمان آباد، گلبرگہ، بیدر، ناندیڑ/ اورنگ آباد، بیڑ، نلگنڈہ، میدک)۔ حیدرآباد میں ہماری آمد کے بعد حکام نے ہمیں بتایا کہ سب سے زیادہ یہ اضلاع متاثر ہوئے ہیں اور ان اضلاع میں ہمارے وفد کی خیر سگالی خدمات کی زیادہ سے زیادہ ضرورت ہے۔ آپسی تناؤ، نفرت، بے اعتمادی کے اس ماحول کو ختم کرنا کوئی آسان کام نہیں تھا۔

یہاں یہ بات قابل ذکر ہے کہ شدید ترین متاثر ۸ اضلاع کے منجملہ جو چار اضلاع بدترین طور پر متاثر ہوئے (عثمان آباد، گلبرگہ، بیدر و ناندیڑ) یہاں رضاکاروں کا کافی اثر

تھا۔ رضاکار سرگرمیوں سے جہاں ریاست بھر متاثر تھی یہ اضلاع بھی متاثر رہے۔ لاتور ٹاون جو قاسم رضوی کا وطن ہے اور جو دولت مند کچی مسلمان تاجروں کا ایک بڑا تجارتی مرکز مانا جاتا ہے، میں ۲۰ دن تک قتل عام جاری رہا۔ اس ٹاون ۱۰ ہزار مسلمانوں کی آبادی تھی اور ان میں صرف ۳ ہزار ہی بچ گئے۔ دو تا تین ہزار قتل کر دیئے گئے اور مابقی اپنا سب کچھ چھوڑ کر جان بچا کر وہاں سے نکل گئے۔ جو کل تک دولت مند تھے وہ پیسہ پیسہ کیلئے محتاج ہو گئے۔

ان شدید ترین متاثرہ اضلاع کے علاوہ ریاست کے دیگر متاثرہ علاقوں میں فرقہ وارانہ جنون اس حد تک بڑھ چکا تھا کہ صرف مردوں کا قتل ہی نہیں بلکہ عورتوں اور بچوں کو بھی نہیں بخشا گیا۔ بڑے پیمانے پر لوٹ مار، آگ لگانا، مسجدوں کی بے حرمتی، زبردستی تبدیلی مذہب، عورتوں کا اغواء، عصمت ریزی۔ یہ واقعات ریاست حیدرآباد کے بیرونی علاقوں میں بھی بڑے پیمانے پر پیش آئے۔ ہلاکتوں کے ساتھ ساتھ مکانات، اراضیات اور جو مال غنیمت ہے اس کو دھڑ لیا گیا۔ کروڑہا روپے کی املاک لوٹ لی گئیں۔ تباہ کر دی گئیں، ان کے مالکین سے چھین لی گئیں اور تمام علاقوں میں متاثر ہونے والے مسلمان تھے۔ بے یار و مددگار اس اقلیت پر ان لوگوں نے بھی مظالم ڈھائے جو کبھی رضاکار کے ظلم کا شکار نہیں ہوئے تھے۔ بلوائیوں، لیٹروں کے ساتھ مال غنیمت کیلئے کئی ٹولیاں نکل پڑیں۔ کوئی مسلح تھے تو کوئی بنا ہتھیار۔

ہندوستانی فوج جب ریاست حیدرآباد کی سرحد پار کر رہی تھی تب اس کے پیچھے لوٹ مار مچانے والے دراندازبھی پہنچ گئے اور وہ لوٹ مار اور مال غنیمت کے لئے مسلمانوں کو نشانہ بناتے رہے۔ ہمیں قطعی طور پر یہ معلوم بھی ہوا ہے کہ کئی مسلح تربیت یافتہ افراد جو سرکردہ جرائم پیشہ اور فرقہ پرست (ہندو) تنظیموں سے وابستہ شولاپور او دیگر ہندوستانی

علاقوں سے ریاست حیدرآباد میں داخل ہوئے۔ ان فرقہ پرست اور مجرموں کی ٹولیوں کے ساتھ کچھ مقامی اور کچھ غیر مقامی کمیونسٹوں نے بھی کچھ واقعات میں حصہ لیا جو بڑے پیمانے پر قتل، غارت گری، اغواء، لوٹ مار کے واقعات کا سبب بنا۔

اطمینان کی بات یہ ہے کہ ان لوٹ مار میں ہندوستانی فوج اور مقامی پولیس نے صرف چند ایک واقعات میں حصہ لیا اور لوٹ مار میں شامل ہوئے۔

حیدرآباد میں ہندوستانی فوج اور اس کے عہدیداران کے قابل سربراہ میجر جنرل چودھری کی قیادت میں بہتر خدمات انجام دے رہے ہیں۔ ہم نے یہ مناسب سمجھا کہ ان حالات میں ہندوستانی فوج کی کارکردگی کو ضبط تحریر کریں۔ بلاشبہ جنرل چودھری ذرابرابر بھی فرقہ وارانہ تعصب نہیں رکھتے۔ وہ حکومت کی پالیسیوں کو روبہ عمل لانے اور مختلف طبقات کے درمیان امن و ہم آہنگی کو بنانے، لاقانونیت کو کچلنے کیلئے جو انسانی طور پر ممکن ہے وہ کررہے تھے۔ جنرل چودھری اور ان کے عہدیدار اور بے حیثیت مجموعی ہندوستانی فوج اس کام میں جٹی تھی۔ جنرل کی باصلاحیت ہدایتوں کو روبہ عمل لانے ان کے عہدیداروں کا بھی تعاون دیکھا گیا جس کی وجہ سے جائیداد و املاک سے محروم بے شمار مسلمانوں کو ان کی لٹی ہوئی املاک واپس دلانے میں مدد ملی۔ اغوا کی گئیں بے شمار عورتوں کو ڈھونڈ نکال کر ان کے حقیقی خاندانوں تک واپس پہنچایا گیا۔ یہ کام ابھی بھی جاری ہے۔

ملٹری گورنر اور چیف سیول اڈمنسٹریٹر اور ان کے بیشتر رفقاء، عہدیداران کے ماتحت کام کرنے والے مستعدی سے مختلف طبقات کے درمیان رابطہ بنانے کا کام کررہے ہیں۔ بڑی حد تک یہ اپنے کام میں کامیاب بھی ہورہے ہیں۔ لیکن اس بات میں کوئی شبہ نہیں ہے کہ فوج میں ایک ایسا بھی طبقہ ہے جو فرقہ وارانہ سرگرمیوں سے پوری طرح پاک نہیں ہے۔ بالخصوص ایسے علاقہ سے تعلق رکھنے والے جہاں ان کے خاندان (تقسیم

کے وقت) متاثر ہوئے ہیں۔ پاکستان میں جن کے رشتہ دار راست یا بالواسطہ ان حالات سے گذرے ہیں، یہ فوجی مجرمانہ سرگرمیوں میں ملوث ہوئے ہیں لیکن ان سے جواب طلبی بڑی مشکل ہے۔

ان گھناونے واقعات کے دوران کچھ امید کی کرنیں بھی دیکھی گئیں۔ کچھ واقعات میں مسلمانوں نے بتایا کہ کیسے ہندوؤں نے ان کے مرد اور عورتوں کا اپنی جان پر کھیل کر تحفظ کیا۔ بالخصوص ہندو بافندے (بنکر) نے مسلم بافندوں کو بچانے کی کوشش کی۔ بعض اوقات میں اپنی جان پر کھیل کر بھی انہوں نے اپنی مسلم برادری کو بلوائیوں، لٹیروں سے بچانے کی کوشش کی۔ اغوا کی گئی کئی مسلم عورتوں کو واپس لانے میں بھی کئی ہندوؤں نے مدد کی۔

بڑے پیمانے پر مسلمانوں کے خلاف مظالم کے کہانیوں کے خلاصہ کو مکمل کرنے سے پہلے ہم اس بات کا یقین دلاتے ہیں کہ ہم نے یہ بیان صرف رواداری میں یا حقائق کے بغیر تحریر نہیں کیا ہے بلکہ ہم نے جو کچھ تحریر کیا ہے اس کی ہم مکمل ذمہ داری لیتے ہیں۔ ہم نے جو کچھ اپنی آنکھوں سے دیکھا اور جو متاثرین نے ہمیں بتایا، متاثرین کے دوست احباب نے ہم سے جس بات کا ذکر کیا اور قابل اعتبار ہندوؤں اور مسلمانوں سے ہم نے جو گفتگو کی کانگریس کے معتبر ہندو اور اسی طریقے سے رضاکار تحریک کے مخالف معتبر مسلمانوں سے جو باتیں معلوم ہوئیں اس کی بنیاد پر ہم نے یہ رپورٹ تیار کی ہے"۔

***

باب:۲

"ان تمام واقعات کا تعلق پولیس ایکشن سے ہے اور رضا کار تنظیم کے ختم ہونے کا نتیجہ ہے۔ اس تنظیم نے مسلمانوں کے ذہنوں میں یہ بات بٹھادی تھی کہ وہ ایک ہندو راج (سلطنت) کو قائم ہونے سے روکنے کا ایک موثر ذریعہ ہے۔ عام حیدرآبادی مسلمانوں میں یہ تاثر دیا جاتا رہا کہ ریاستی کانگریس جو ایک ذمہ دار حکومت کا مطالبہ کرتے ہوئے جدوجہد کر رہی ہے وہ اکثریتی ہندوؤں کی منشا و مرضی پر موقوف ہوگی۔

مسلمان عوام عام طور پر اس بات کو محسوس نہیں کئے تھے کہ انہیں ہندو عوام کی جانب سے ایک ناگزیر انتظامی کارروائی سے دوچار ہونا پڑے گا۔ رضا کار جو عملی طور پر ہر حیدرآباد مسلمانوں کے ذہن میں نرم گوشہ رکھنے والی تنظیم تھی، نے چند ہفتہ قبل ہی ہندوؤں پر جو جبر و استبداد کیا تھا اس کو دیکھتے ہوئے ایک یقینی انتقامی کارروائی کا عام مسلمانوں کو ادارک نہیں ہو سکا۔ مسلمانوں میں بھی کئی ایسے لوگ اور شخصیتیں تھیں جو رصاکاروں کی سرگرمیوں کی پسند نہیں کرتی تھیں اور انہیں اس کی قیمت بھی چکانی پڑی تھی۔ ایسے مسلمان جو سقوط حیدرآباد کے حالات کو رضاکاروں کا سبب قرار دیتے ہیں وہ بھی پولیس ایکشن کیلئے حکومت ہند کو ذمہ دار قرار دیتے ہیں۔ جس طرح رضاکاروں نے جبر و استبداد کیا ایسا ہی مسلمانوں کے خلاف جنہوں نے سنگین جرائم کئے ان کے بارے میں عام مسلمان یہ مانتا ہے کہ مسلمانوں کے خلاف مظالم کے پس پشت موجودہ نظم و نسق ہے۔ (ہندوستانی حکومت) بدقسمتی سے جو رنگ دیا گیا ہے اس پر یقین کرنے کے واضح

وجوہات بھی ہیں۔ حیدرآباد میں جو نظم ونسق قائم کیا گیا اس کی کئی غلطیوں کے سبب یہ عام تاثر دیکھا گیا ہے کہ یہ نظم ونسق فرقہ وارانہ جارحیت کا مظاہرہ کر رہا ہے۔ ہندوؤں اور مسلمانوں کے درمیان غیر متعصبانہ رویہ اختیار کرنے میں ہندوستانی حکومت کو جو بھروسہ پیدا کرنا چاہئے تھا ایسا محسوس نہیں ہوا ہے۔

حالانکہ ہندوستانی حکومت پر غیر متعصبانہ رویہ کی بات بے بنیاد ہے لیکن سینکڑوں ہزاروں مسلمانوں کی مشکلات و مصائب اور کئی ہزار مسلمانوں کی جانوں کا اتلاف اس سمت کی غمازی کرتا ہے کہ حکومت ہند نے غیر متعصبانہ طریقہ پر کام نہیں کیا۔ ہو سکتا ہے کہ کوئی ایک شخص نے غلطی کی ہو لیکن اس کی سزا تو سینکڑوں بے قصور لوگوں کو دی گئی۔ یہی شبہات پروان چڑھتے رہے اور شکایتوں کے انبار لگ گئے۔ نظم ونسق (انتظامیہ) نے پولیس ایکشن سے قبل ریاست کی خدمات سے وابستہ رہے بے شمار ملسمانوں کو خدمات سے ہٹا دیا۔ اس کی ایک فہرست (ضمیمہ) میں منسلک کی گئی ہے۔ ان مسلم ملازمین میں سے ہو سکتا ہے کہ چند ایک قصوروار ہوں یا انہوں نے عدول حکمی کی ہو لیکن بڑے پیانے پر ملازمت سے ان کا اخراج یہی سمجھا جاتا ہے کہ چوں کہ وہ مسلمان ہیں اس لئے انہیں نکال دیا گیا ہے۔ ملازمتوں سے تنزلی کے سبب ان مسلمانوں کو کافی مشکلات سے دوچار ہونا پڑ رہا ہے۔

ان حالات میں ایک مسلمان کی یہی سوچ ہوگی کہ اس کے خلاف سخت انتظامی کارروائی کی جارہی ہے۔ ان کی زندگی کو معمول پر لانے کی کوشش نہیں کی گئی۔ ان کے ساتھ جو کچھ ہوا ہے ان کا مداوا نہیں کیا گیا۔ موجودہ انتظامیہ نے چند ایک موثر اقدامات کئے ہیں جس کی وجہ سے کچھ راحت ہوئی ہے لیکن ان اقدامات کے باوجود شکوک و شبہات دور نہیں ہوئے۔ بالخصوص حکومت ہند کے اداروں سے جس کے ہاتھ میں ان کا

مستقبل پنہاں ہے۔ دوسری طرف فرقہ واریت کے سنگین جو نتائج بر آمد ہوئے ہیں اور جو تجربات دیکھے گئے ہیں اس سے وہ (مسلمان) غیر یقینی صورتحال سے دوچار ہیں۔ فطری بات ہے کہ مسلمان بھی جیو اور جینے دو کے نظریہ پر عمل آوری چاہتے ہیں۔ موجودہ حکومت پر عدم اعتماد کی فضاء سے وہ خوشی سے باہر نکلنا چاہتے ہیں اور وہ اس بات کے منتظر ہیں کہ ان کے مستقبل کیلئے (حکومت کی) کیا پالیسی ہوگی؟ میجر جنرل چودھری کے نظم و نسق کی جانب سے جو تحفظ مسلمانوں کو حاصل ہوا ہے اس سے ہمارے خیر سگالی مشن کو بڑی مدد حاصل ہوئی ہے لیکن مزید کئی ایسے اقدامات کی ضرورت تھی جس سے اعتماد بحال ہو سکتا ہے۔

اس بات کو دیکھتے ہوئے ہم چند سفارشات پیش کر رہے ہیں۔ چاہے یہ کتنے ہی گراں کیوں نہ ہوں، ہمارا مقصد حیدرآباد میں فرقہ ورانہ امن و ہم آہنگی کو پیدا کرنا ہے۔ ہمارا یہ مقصد نہیں کہ انتظامیہ کی جانب سے کئے گئے اقدامات پر انگلی اٹھائیں۔ ہماری سفارشات جو حسب ذیل ہیں ان کے ذریعہ موجودہ انتظامیہ کو توجہ دلانا چاہتے ہیں۔ ہو سکتا ہے کہ ہماری بیشتر سفارشات پر انتظامیہ عمل کر رہا ہو لیکن پھر بھی ہم معاملات کی فہرست پیش کر رہے ہیں اور ہمیں یقین ہے کہ اسے نظر انداز نہیں کیا جائے گا۔ ہماری جو آراء ہے اس کے مطابق ذیل میں ترجیحی طور پر چند باتوں کی ہم سفارش کر رہے ہیں جو توجہ طلب ہیں۔

ا۔ سب سے اول اور سب سے اہم اس بات کی ضرورت ہے کہ جو متاثر ہوئے ہیں ان تمام کو موزوں و مناسب راحت حاصل ہونی چاہئے۔

(الف) مکانات و اراضیات جو مسلمانوں سے چھین لی گئی ہیں انہیں دوبارہ واپس کیا جائے اور ضروری ہو تو انہیں قابضین کے قبضوں سے پاک کرتے ہوئے مسلمانوں کے

حوالے کیا جائے۔

(ب) جو مکانات تباہ برباد کئے گئے ہیں ان کی دوبارہ مرمت کرتے ہوئے انہیں رہائش کے قابل بنایا جائے۔

(ت) جن عورتوں، لڑکیوں اور بچوں کا اغوا کیا گیا ہے ان کو فوری بر آمد کرتے ہوئے ان کے قانونی سرپرستوں کے حوالے کیا جائے۔ اگر ان کے سرپرست دستیاب نہ ہوں تو حکومت ان کی دیکھ بھال اور ان کی کفالت کرے۔ انہیں زندگی گزارنے کیلئے مناسب تربیت دیتے ہوئے ان کیلئے روزگار کے مواقع فراہم کرے۔

(ج) ان تمام لوگوں کو جو اپنی روٹی روزی سے محروم ہو چکے ہیں بشمول ان تمام جن کے کاروبار تباہ ہو گئے ہیں، کیلئے سرمایہ فراہم کیا جائے، ان کے کاروبار شروع کئے جائیں وغیرہ۔ جو اس قابل نہیں ہیں انہیں ان کے اپنے پیروں پر کھڑا ہونے تک کم از کم ۶ مہینے جو بھی لمبا عرصہ ہوتا ہو ان کے روزہ مرہ کے گذارہ کیلئے حکومت ذمہ داری لے۔

(د) ضرورت مند زراعت پیشہ افراد کو سبسیڈی دی جائے۔ انہیں ان کی اراضیات کا قبضہ بحال کرنے ضروری مدد کی جائے۔

۲۔ مساجد کو باز آباد کیا جائے۔ تباہ شدہ مساجد کی ضروری مرمت کی جائے جو ان کی دیکھ بھال کرتے ہیں ان کے حوالے کیا جائے۔ جن مساجد میں جہاں جہاں مورتیاں رکھی گئی ہیں وہاں سے مورتیوں کو ہٹا دیا جائے۔ ۳۔ جبر استبداد کے ذریعہ تبدیلی مذہب کو کالعدم قرار دیا جائے اور انہیں مذہب و عقیدہ کی پوری آزادی دی جائے۔ ان تمام سفارشات کو روبہ عمل لانے کیلئے ہم یہ مفید مشورہ دیتے ہیں کہ ایک کمیٹی جس میں سرکاری و غیر سرکاری عہدیداروں جو ہندو اور مسلمان طبقات پر مشتمل ہوں، قائم کی جائیں۔ جن مقاصد کیلئے ہم نے کمیٹی کی سفارش کی ہے اس کی عاجلانہ تشکیل ہو۔ اس حصہ

میں ہماری دوسری سفارش ایچ ای ایچ دی نظام (نواب میر عثمان علی خان بہادر) سے ہے۔ نظام اپنی جیب خاص سے اپنی مسلم رعایا کی بازآبادکاری اور راحت کا کام انجام دیں۔ اس لئے کہ مسلمان بری طرح متاثر ہوئے ہیں۔

پنڈت سندرلال کو حضور نظام نے ملاقات کیلئے مدعو کیا تھا۔ اس ملاقات میں حضور نظام سے شخصی طور پر جب یہ بات کہی گئی تو انہوں نے پہلی ہی فرصت میں اس سے انکار نہیں کیا۔

نوٹ:۔ رپورٹ میں نیچے دیئے گئے جملہ کو لکھ کر کاٹ دیا گیا۔ (ہمارا یہ ماننا تھا کہ یہ بہتر ہوگا کہ نظام شخصی طور پر اس پر رقم خرچ کرے، راحت کاری کیلئے حیدرآباد کے ادا کرنے والوں سے کچھ حاصل نہ کریں۔)

تفرقہ پرداز عناصر اور غلط کام کرنے والوں کی سرگرمیوں سے فرقہ وارانہ امن کو دھکا لگ رہا ہے۔ ملٹری گورنر جنہیں سیول اڈمنسٹریشن کو مکمل مدد حاصل ہے ایسے افراد سے موثر طور پر نمٹنے کے کام میں مشغول ہیں۔ ہم اس بات کی ضرورت کو محسوس کرتے ہیں کہ جہاں جہاں صروری ہو وہاں سخت اختیار کردہ موقف و اقدامات میں راحت دی جائے۔ جہاں جہاں ضروری ہو بلا تامل سخت اقدامات کئے جائیں۔ ہماری دوسری تجاویز کو بنا کسی تامل کے ہم پیش کرنا چاہتے ہیں۔ ہمارا جو جائز فریضہ ہے اس سے ہم آگے بڑھنا نہیں چاہتے لیکن حقیقت یہ ہے کہ ہم نے اقدامات کی اہمیت کو درپیش جوکھم کے سبب مزید حسب ذیل سفارشات منسلک کر رہے ہیں۔ ہم اس بات کو پہلے ہی متوجہ کرا چکے ہیں کہ مسلمانوں کے ذہن میں جو شدید حقیقی خوف ہے کہ ریاست حیدرآباد میں ایک ذمہ دار حکومت کے ہوتے ہوئے اکثریتی ہندوؤں کی مرضی و منشاء کے تحت کا انجام دے رہی ہے۔ اس تاثر کو دور کرنے کی ضرورت ہے اور ہم بہت ہی ادب کے ساتھ یہ بات کہہ

رہے ہیں کہ موجودہ حکومت کے انتظامیہ کی ہیئت و شکل میں تبدیلی نہ کرتے ہوئے بنیادی تبدیلیاں لائی جائیں۔

مسلمانوں کے ذہنوں سے خوف و ہراسانی کو ختم کرنے کیلئے حکومت کم از کم تین سال (اگر یہ موزوں نہیں) نظم و نسق میں کوئی تبدیلی نہ کرے۔ ریاست کے نظم و نسق میں کوئی تبدیلی نہ کرے۔ ریاست کے نظم و نسق کے ڈھانچے میں مسلمانوں کو شامل رکھے تا کہ ان میں اعتماد کی فضا پیدا ہو اور وہ دیگر مذاہب کے لوگوں کے ساتھ خدمت انجام دے سکیں۔ خدمات کے اعلیٰ سطح پر موثر صلاحیتوں کے لئے۔

ہم اس بات کو محسوس کرتے ہیں کہ سرکاری ملازمتوں میں ان کی برقراری ضروری ہے۔ خدمات میں تبدیلی سے یہ رنگ پیدا ہو گا کہ حکام کے ذہن مخالف مسلمان یا مخالف حیدرآبادی تعصب کے حامل ہیں۔ آخر میں ہم ان لوگوں پر رحم کرنے کی سفارش کرتے ہیں اور جو اپنے کئے پر شرمندہ ہیں۔ خطاکار چاہیں کتنے ہی اعلی مرتبہ کے ہوں انہیں انصاف کے کٹہرے میں لایا جائے۔ ملڑی گورنر مشتبہ عناصر کو رہا کر رہے ہیں اور پکڑے گئے لگوں کی قابل لحاظ تعداد کو چھوڑا جا رہا ہے لیکن جرائم کرنے والے حقیقی خطاکاروں سے ہٹ کر شک کی بنیاد پر جن لوگوں کو پکڑا گیا ہے ان کے بارے میں ہم یہ سفارش کرتے ہیں کہ ان میں اگر کوئی معافی کا طلب گار ہو(سوائے سنگین جرائم کے ارتکاب) انہیں معافی دی جائے۔ عفود درگزر سے کام لیا جائے۔ انسانی بنیاد پر صبر و تحمل کو ملحوظ رکھا جائے۔ اس طرح کے اقدامات کئے جاتے ہیں تو حکومت ہند کے مخالف مسلم تعصب کو شبہات ہوں اس کو ختم کرنے میں آسانی ہو گی۔ یہ ایک اچھا اقدام ہو گا۔ اس کی شروعات کی جائے اور عملی طور پر ایک دوسرے کا گریبان پکڑنے والے طبقات میں مستقل امن و ہم آہنگی کی فضا پیدا ہوا۔

مواضعات کے نام جہاں دورہ کیا گیا۔

بیدر ضلع۔

اکاوالی،-۲رنجھول،-۳ظہیر آباد-۴ہمناباد-۵راجہ سور

گلبرگہ ضلع-۶کلیانی-۷جلکوٹے

عثمان آباد ضلع-۸نلدرگ-۹تلجاپور-۱۰عثمان آباد (مستقر)-۱۱دھوکی-۱۲تیر-

۱۳الاتور

بیدر ضلع-۱۴چکور-۱۵اودگیر-۱۶داوینی ناندیڑ ضلع-۱۷قندھار-۱۸لوہا-۱۹ ناندیڑ (مستقر)-۲۰دیگلور (مستقر) نظام آباد ضلع-۲۱نظام شوگر فیکٹری میدک ضلع-۲۲شنکرم پیٹ ۲۳-اولادرگ-۲۴چلیر-۲۵اندولجوگی پیٹ-۲۶سنگاریڈی

حکومت سنٹرل پراوینس

محکمہ متقنّہ اسمبلی

منجانب:

شری ایس۔ آر۔ کھرابے،

سپرنٹنڈنٹ، لجسلیٹیو اسمبلی ڈپارٹمنٹ

برائے

شری سندرلال،

جی A۴۰، ہنومان روڈ، نئی دہلی

مورخہ ناگپور۔ جنوری ۱۹۴۹ء

محترم جناب

مجھے عزت مآب شری جی ایس گپتا کی جانب سے یہ ہدایت دی گئی ہے کہ آپ کے ساتھ کاغذات کی ایک زائد کاپی حوالے کی جائے۔ براہ کرم اس وصول ہونے کی اطلاع دیں۔

آپ کا مخلص

دستخط

(ایس آر کھرابے)

سپرٹنڈنٹ لجسلیٹیو اسمبلی ڈپارٹمنٹ۔

٭ ٭ ٭

باب:۳

انتہائی رازداری: بخدمت

(۱)عزت مآب وزیر اعظم حکومت ہند، نئی دہلی

(عزت مآب وزرائے مملکت حکومت ہند، نئی دہلی)

جناب عالی،

ہمیں ایک غیر سگالی مشن کے طور پر حکومت ہند کی جانب سے ریاست حیدرآباد جانے کے لئے کہا گیا۔ اپنے کام کی تکمیل کے بعد ہم ہماری رپورٹ اب آپ کی خدمات میں پیش کرنا چاہتے ہیں۔

تعارف:

(۱) یہ وفد پنڈت سندرلال، قاضی عبدالغفار اور مولانا عبداللہ مصری پر مشتمل تھا۔ یہ ۲۹نومبر کو حیدرآباد پہنچا اور ۲۱ڈسمبر ۱۹۴۸کو دہلی واپس ہوا۔ اس مدت کے دوران ہم نے ریاست کے۱۶اضلاع کے منجملہ۹کا دورہ کیا۔ ۷ضلع مستقر،۲۱ٹاون اور ۲۳مواضعات کے علاوہ ہم نے ۵۰۰ سے زائد افراد جن کا تعلق ۱۰۹مواضعات سے ہے جہاں ہم نے دورہ نہیں کیا ہے، انٹرویو لیا ہے۔

مختلف مقامات پر مزید۳۱جلسوں،۲۷خانگی نشستوں جن میں ہندو، مسلمان، کانگریسی، سرکاری عہدیداران، ارکان جمیعۃ العلماء اور اتحاد المسلمین کے ارکان، مختلف

تعلیمی اداروں سے تعلق رکھنے والے طلبہ واسٹاف، ترقی پسند مصنفین کی اسوسی ایشن کے ارکان، ہندوستانی پرچار سبھا وغیرہ کے نمائندوں، مندوبین وکارکن شامل تھے سے خطاب کیا۔ جن اہم شخصیتوں، عہدیداروں سے ہم نے بات چیت کی ان میں قابل ذکر ہیں:

ایچ ای ایچ دی نظام (نواب میر عثمان علی خاں بہادر)، ایچ ایچ دی پرنس آف برار (نواب اعظم جاہ بہادر)، میجر جنرل چودھری ، مسٹر بکھلے دی چیف سیول اڈمنسٹریریٹر، سوامی رمانند تیرتھ، ڈاکٹر ملکوٹے، مسرز رام چندر راؤ، راما چاری، کے ودیا، وینکٹ راؤ، عبدالحسن سید علی، نواب یاور جنگ، نواب زین یا جنگ، راجہ دھونڈے راج ، مولانا ابو یوسف، مولوی ابوالخیر اور مولوی حمید الدین قمر فاروقی شامل ہیں۔

ان تمام ملاقاتوں ، اجلاس اور نشستوں میں اصل مسئلہ جو زیر بحث رہاوہ مختلف طبقات کے درمیان بہتر تعلقات کو پیدا کرنا اورامن کو برقراررکھنا ہے۔ عوام سے یہ اپیلیں بھی کی گئیں کہ وہ ماضی کو بھول جائیں اور امن وہم آہنگی کو پیدا کرنے مل جل کر کام کریں۔ ان اجلاس اور ملاقاتوں میں ہند۔ یونین کے مقصد اورپالیسیوں کا خلاصہ کیا گیااوراس بات پر خصوصی توجہ دی گئی کہ حکومت ہند کا مقصد حیدرآباد کے عوام کے لئے ایک سیکولر حکومت قائم کرنا ہے جہاں بلحاظ مذہب وملت، رنگ ونسل، تمام مساویانہ آزادی، شہری حقوق، ترقی کے یکساں مواقع حاصل ہوں گے۔ ملٹری ایڈمنسٹریشن کو یہ بات بھی واضح اور مکمل طور پر بتادی گئی ہے کہ اس کا جو فریضہ ہے وہ اس پالیسی کو روبہ عمل لانا ہے۔ جہاں جہاں مواقع دستیاب ہو ہم نے اپنے موقف کی وضاحت بھی کردی کہ ہمارا صرف ایک خیر سگالی مشن ہے۔ پولیس ایکشن کے بعد جو واقعات پیش آئے ہیں اس کی تحقیقات کا یہ کوئی کمیشن نہیں ہے اور نہ ہی ان واقعات کی جانچ ان کے ذمہ ہے۔

بہتر فرقہ وارانہ تعلقات کو بحال کرنے کے مقصد کے تحت ہمیں ذمہ داری دی گئی ہے۔ ساتھ ہی ہم یہ اپنا فرض سمجھتے ہیں کہ ہمارا دورہ کے دوران ہمارے علم میں جو باتیں آئی ہیں اور جو کچھ ہم نے دیکھا ہے اور جسے ہم نے اپنی دانست میں اہم سمجھا ہے اس کو یہاں پیش کیا گیا ہے۔

قتل اور لوٹ مار:

(۲) حیدرآباد ۱۶ اضلاع پر مشتمل ایک ریاست ہے جہاں تقریباً ۲۲ ہزار دیہات ہیں۔ ان کے منجملہ سوائے تین اضلاع کے جو جزوی طور پر متاثر ہوئے ہیں (مکمل طور پر نہیں) پوری ریاست ہنگاموں سے متاثر رہی ہے۔ ابتدا میں رضاکاروں کی سرگرمیوں کے دوران اور بعد میں تنظیم کے ختم ہوجانے کے بعد جبر واستبداد کے واقعات۔ دیگر ۴ اضلاع میں میں حالات بے حد سنگین رہے لیکن ایسے کہ مابقی ۸ اضلاع میں دیکھے گئے۔ ان ۸ اضلاع کے منجملہ بدترین طور پر جو متاثر اضلاع ہیں وہ عثمان آباد، گلبرگہ، بیدر اور ناندیڑ۔ ان چار اضلاع میں پولیس ایکشن کے بعد جن لوگوں کو ہلاک کیا گیا ان کی تعداد ۱۸ ہزار سے کم نہیں۔ دیگر ۴ اضلاع اورنگ آباد، بیڑ، نلگنڈہ اور میدک میں جن لوگوں کی جانیں گئیں ان کی تعداد کم از کم ۵ ہزار ہوگی۔ ہمارے بہت انتہائی محتاط اندازہ کے مطابق پولیس ایکشن کے بعد جن لوگوں کی جانیں ان کی تعداد ۲۷ ہزار سے ۴۰ ہزار کے درمیان ہوگی۔

ہمیں حکام کی جانب سے یہ اطلاع دی گئی کہ یہ ۸ اضلاع سب سے زیادہ متاثر ہوئے ہیں اور یہاں ہمارے وفد کی خیر سگالی خدمات کی زیادہ ضرورت ہے۔ اس لئے ہم نے ان اضلاع پر زیادہ توجہ دی اور اس میں ہم کامیاب بھی ہوئے ہیں۔ ان اضلاع میں ہم نے باہمی رنجش کے ماحول کو دور کرنے کی ایک مخلصانہ کوشش کی۔ یہ ایک قابل ذکر پہلو ہے

کہ شدید طور پر متاثرہ ۸ کے منجملہ ۴ اضلاع (عثمان، گلبرگہ، بیدر اور ناندیڑ) رضاکاروں کا گڑھ رہا۔ ان چاروں اضلاع کے عوام رضاکاروں کے ہاتھوں کافی متاثر رہے۔ قاسم رضوی کا آبائی ٹاؤن لاتور جو ایک بڑا تجارتی مرکز رہا، جو دولت مند کچی مسلم تاجروں سے بھرا پڑا تھا۔ اس ٹاؤن میں ۲۰ دن سے زائد قتل عام جاری رہا۔ اس ٹاؤن میں ۱۰ ہزار سے زائد مسلمانوں کی آبادی تھی۔ ہم نے دیکھا کہ یہاں اب بمشکل ۳ ہزار مسلمان بھی نہیں۔ ہزار سے زائد قتل کر دیئے گئے او ر مابقی اپنی جان بچا کر یہاں سے بھاگ نکلے اور کل کے یہ مالدار مکمل طور پر قلاش ہو گئے۔

دیگر جرائم:

(۳) تقریباً تمام مقامات پر متاثرہ علاقوں میں فرقہ وارانہ جنون صرف قتل تک محدود نہیں رہا۔ مردوں کے علاوہ عورتوں اور بچوں کو بھی نہیں بخشا گیا۔ عصمت ریزی اور عورتوں کے اغوا (کئی واقعات میں ریاست حیدرآباد کے باہر ہندوستانی شہروں جیسے شوالاپور، ناگپور سے آکر یہ جرائم کئے گئے) لوٹ مار، آتشزدگی، مساجد کی بے حرمتی، جبری تبدیلی مذہب، مکانات اور اراضیات پر قبضے، انسانی ہلاکتوں کے علاوہ ہیں۔ کروڑہا روپئے مالیت کی املاک لوٹ لی گئیں یا تباہ کر دی گئیں اور متاثر ہونے والے مسلمان جو دیہی علاقوں میں بے یارومددگار ایک اقلیت ہیں۔ یہ مظالم ڈھانے والے صرف وہی نہیں تھے جنہیں رضاکاروں کے ہاتھوں تکلیف پہنچی ہو اور یہ مظالم ریاست حیدرآباد کے غیر مسلموں پر نہیں تھے۔ یہ مظالم انفرادی افراد کے علاوہ عوام کے ہجوم نے بھی انجام دیئے۔ مسلح یا غیر مسلح ان میں وہ لوگ بھی شامل ہیں جو ہندوستانی فوج کے ریاست حیدرآباد میں داخلہ کے ساتھ سرحد پار سے داخل ہو گئے۔

ہم قطعی طور پر یہ بات کہہ رہے ہیں کہ شولاپور سے ایک مشہور ہندو فرقہ وارانہ

تنظیم سے وابستہ تربیت یافتہ اور مسلح بے شمار لوگ اور ہندوستان کے دیگر شہروں سے تعلق رکھنے والے ان کے ساتھ ساتھ مقامی و غیر مقامی کمیونسٹوں نے ان دنوں میں حصہ لیا اور چند علاقوں میں انہوں نے بلوائیوں کی قیادت بھی کی۔

مسلح افواج اور پولیس:

(۴) ہمارے فریضہ نے ہمیں اس بات کے لئے مجبور کیا ہے کہ ہم نے ان بالکل ناقابل تردید واقعات کا بھی ذکر کریں جہاں ہندوستانی فوج اور مقامی پولیس نے کیسے لوٹ مار اور دیگر جرائم میں حصہ لیا ہے۔ ہمارے دورہ کے درمیان ہمیں صرف چند مقامات سے نہیں بلکہ مختلف مقامات سے یہ معلومات حاصل ہوئیں کہ کیسے سپاہیوں نے ہندو ہجوم کی ہمت افزائی کی انہیں ترغیب دی اور کئی واقعات میں ان کو مجبور کیا کہ وہ مسلمانوں کی دکانوں اور مکانوں کو لوٹ لیں۔

ایک ضلع کے شہر میں وہاں موجود انتظامیہ کے ہندو سربراہ نے ہمیں یہ بات بتائی کہ اس مقام پر ملٹری (فوج) نے مسلمانوں کی دکانوں کو کھلے عام لوٹ لیا ہے۔ ایک دوسرے ضلع میں مسلمانوں کے مکانات اور دیگر املاک کو سپاہیوں نے لوٹ لیا اور ایک تحصیلدار کی بیوی کے ساتھ چھیڑ چھاڑ کی گئی۔ لڑکیوں کے اغوا اور ان کے ساتھ چھیڑ چھاڑ کی بے شمار شکایتیں بالخصوص سکھ سپاہیوں کے خلاف حاصل ہوئی ہیں۔ یہ واقعات بڑے پیمانے پر کئے گئے۔

ہمیں مختلف مقامات پر یہ بات بتائی گئی کہ لوٹی گئی املاک میں سے ملٹری نے سونا، نقد، چاندی و دیگر قیمتی اشیا اپنے پاس رکھ لیں اور مابقی اشیا ہجوم کے حوالے کر دیا۔ بد بختی کی بات یہ ہے کہ مسلح فوج کے ایسے کئی عناصر پائے گئے جو فرقہ وارانہ تعصب سے پاک نہیں ہیں۔ اس کی شائد یہ وجہ ہو سکتی ہے کہ مختلف علاقوں میں ان کے لواحقین پر جو

مظالم ڈھائے گئے ہوں شاید وہ ان کو بھلا نہ پا سکے۔

ہم یہ محسوس کرتے ہیں کہ ہندوستانی فوج اور حیدر آباد میں اس کے عہدیدار ان قابل لحاظ حد تک بہتر خدمات انجام دے رہے ہیں۔ ہندوستانی فوج اپنے اعلیٰ معیار اور ڈسپلن اور فرض کی ادائیگی میں منہمک ہے۔ جنرل چودھری میں کوئی فرقہ وارانہ تعصب ہم نے نہیں دیکھا۔ وہ ایک پابند ڈسپلن اور ایک شریف النفس انسان ہیں۔

ڈھائے گئے مظالم کے اس خلاصہ کو ختم کرنے سے پہلے ہم یہ عہد واثق کرنا مناسب سمجھتے ہیں کہ ہم نے جو کچھ بیان ہے وہ یوں ہی نہیں اور نہ ہی حقائق کے مغائر، ہم مکمل ذمہ داری کے ساتھ اس کو پیش کئے ہیں۔ ہم نے جو کچھ اپنی آنکھوں سے دیکھا اور ہمیں نہ صرف متاثرین بلکہ ان کے دوست احباب اور بالکل قابل اعتبار فریقوں نے جن کا تعلق ہندوؤں اور مسلمانوں سے ہے، نے ہمیں بتایا ہے۔

کانگریس کے حمایتی معروف ہند وافراد رضاکاروں کے مخالف مسلمان، سرکاری عہدیدار موجودہ انتظامیہ سے وابستہ افراد، کئی انفرادی شخصیتوں نے جو کچھ ہم سے بیان کیا ہے اور ہم نے مکمل غور و خوض سے جن کی سماعت کی ہے اس کے بعد ہی ہم، اپنے اس نتیجے پر پہنچے ہیں۔ شواہد کی تفصیلات میں جانے سے ہم نے احتراز کیا ہے۔ جس طرح سے ہم سے خواہش کی گئی ہے کہ اسی کی بنیاد پر ہم نے کام انجام دیا ہے۔ اگر ایسی خواہش کی جاتی ہے تو ہم وہ تمام مناسب وموزوں مواد جسے ہم نے اکھٹا کیا ہے، آپ تمام کے سامنے پیش کرنے کے لئے تیار ہیں۔

پیچھے بیان کردہ صفحات میں ہم نے جو مایوس کن تصویر پیش کی ہے اس کے باوجود فرقہ وارانہ تناؤ کے سیاہ بادلوں کے درمیان امید کی کچھ کرنیں بھی دیکھی گئی ہیں۔ چند ایسے بھی واقعات ہوئے ہیں جہاں مسلمانوں کی ہندوؤں نے مدافعت کی ہے۔ ہندوؤں

نے اپنے مسلم پڑوسیوں کے تحفظ کو فراہم کیا ہے۔ اپنی جان پر کھیلتے ہوئے مسلم مرد، عورتوں کی زندگی بچائی ہے۔ ایک ہی پیشہ سے وابستہ طبقات میں ایسے واقعات دیکھے گئے ہیں۔ مثال کے طور پر ایک مقام پر ہندو بافندوں نے اپنے مسلم بافندوں کو ہندو بلوائیوں سے بچایا اور اس کی حفاظت کی بھاری رقم (بشمول جان پر کھیل کر) چکانی پڑی۔ کئی اغوا کی گئی مسلم عورتوں کو بچانے میں کئی ہندوؤں نے مدد کی۔

ہندو راج اور مسلم راج

(۵) یہ فرقہ وارانہ ہنگامے، پولیس ایکشن اور اس کے ساتھ ہی رضاکارانہ تنظیم کے خاتمہ کے ساتھ ہی شروع ہوئے ہیں۔ مسلمانوں کے ذہن میں عام طور پر یہ تاثر پایا جاتا تھا کہ رضاکارانہ تنظیم ہندو راج کو روکنے میں موثر ثابت ہوگی۔ حیدرآباد میں ایک ذمہ دار حکومت کا مطلب ہندو راج ہوگا اور وہ اکثریتی ہندو طبقہ کی مرضی ومنشا پر منحصر ہوگی۔ مسلمان عوام اس حقیقت کو نہیں سمجھ پائے کہ چند دن پہلے ہندوؤں پر رضاکاروں کی جانب سے جو مظالم ڈھائے گئے تھے اس کا انتقام ناگزیر ہو جائے گا اور انہیں بھی اس کی بھاری قیمت چکانی پڑے گی۔ حیدرآباد میں مسلمانوں کی بڑی تعداد رضاکارانہ تحریک سے ہمدردی رکھتی تھی۔ ان میں سے کوئی ان کوئی ان کی برسرعام مخالفت کی ہمت نہیں کرپاتا تھا۔ رضاکاروں کی سرگرمیوں کی بہت بھاری قیمت چکانی پڑی۔

رضاکاروں کی طرح مسلمانوں کے خلاف مظالم ڈھانے والوں کا یہ ایقان تھا کہ انہیں حکام کی پوری مدد مل رہی ہے اور اس تاثر کو یقین اس بات سے ملا کہ حکام کی غلطیوں کے سبب لوگوں کے ذہنوں میں یہ بات پھیل گئی اور اس کی وجہ سے فرقہ وارانہ زہر بھی پھیلنے لگا۔

ہندوستانی حکومت پر شکوک وشبہات اس طرح کے واقعات کے سبب ہونے لگے۔

ہزاروں لوگوں کا قتل عام، ہزاروں لوگوں کی زندگی کے وسائل سے محروم کر دینا ان کی مشکلات و مصائب سے ایسا ہی نتیجہ اخذ کیا جاسکتا ہے۔ اس انتقامی کاروائی میں اے بے شمار متاثر ہوئے ہیں جہاں ایک شخص کی غلطی کی سزا ہزاروں کو بھگتنی پڑی۔"

***

باب: ۴

ہزاروں مسلم ملازمین سرکار کی معزولی: کانگریسیوں کا شرمناک رول

ریاستی کانگریس:

(۶) بدقسمتی سے ہنگاموں کے دوران چند کانگریسیوں کے رویے نے مسلم آبادیوں میں بے اعتمادی پیدا کردی۔ ہم یہاں صرف چند واقعات بیان کررہے ہیں جو ہم نے سنا ہے کہ چند کانگریسیوں نے اور چند ایسے افراد نے جو خود کو کانگریسی قرار دیتے ہیں ہنگاموں کے دوران کس طرح کا رویہ اپنایا تھا۔ مختلف مقامات پر ہمارے دورہ کے موقع پر ہمیں بتایا گیا کہ کانگریسیوں نے قانون کو اپنے ہاتھ میں لیتے ہوئے دہشت زدہ مسلمانوں سے مختلف طریقوں سے رقومات اینٹھنا شروع کیا تھا۔ ہم نے کئی مقامات پر ایسے واقعات کی شکایت بھی سنی۔ جو مسلمان اپنے گھربار نہیں چھوڑے یا پھر ایسے جو دوبارہ اپنے گھروں کو واپس ہوئے وہ کانگریسی ربط پیدا کرتے ہیں اور ان کی مکمل حفاظت کا وعدہ کرتے ہوئے کانگریسی ان سے بھاری رقومات وصول کرتے ہیں۔

ایک مقام پر ڈسٹرکٹ سپرنٹنڈنٹ آف پولیس نے شکایت کی کہ یہ کانگریسی لوگ اس طرح کے طرز کے سبب انتظامیہ کے لئے بڑی مشکلات پیدا کررہے ہیں۔ ایک مقام پر ایک ٹاون میں ایک مالدار کچی تاجر نے جس کی دکان لوٹ لی گئی اور نصف جلادی گئی، ہم سے یہ شکایت کی کہ چند کانگریسیوں کو چیک کی شکل میں ۱۵ ہزار روپئے اور نقدی کی شکل میں ۱۰ ہزار روپئے دینے کے بعد اسے اپنی عمارت کا قبضہ حاصل ہوا۔ ہمیں یہ بھی

بتایا گیا کہ کئی مقامات پر کانگریسیوں نے قابل زراعت اراضی کا جو مسلمانوں نے چھوڑی تھی ہراج کر دیا۔ اس ہراج کی یہ شرط تھی کہ آدھی فصل کانگریسیوں کے حوالے کی جائے۔ اسٹیٹ کانگریس کی اس صورتحال پر کانگریس ہائی کمان کو غور کرنے کی ضرورت ہے۔ قومی کانگریس کا اچھا نام پیدا کرنے ہم امید رکھتے ہیں کہ حیدر آباد ریاستی کانگریس اپنی ان کمیوں و نقائص کو دور کرتے ہوئے اس طرح کے رویے کو دوبارہ ہونے سے روک دے گی۔

خدمات:

(۷) تعلیم یافتہ مسلمانوں کے ذہنوں میں شکوک و شبہات کو ایک اور طریقہ سے تقویت حاصل ہوئی کہ پولیس ایکشن سے پہلے جو سرکاری خدمت سے وابستہ تھے انہیں معمولی شکایات کے ذریعہ روزگار سے محروم ہونا پڑا۔ ہمارے پاس اس طرح متاثر ہونے والے افراد کی ایک طویل فہرست ہے۔ کیسے ان کو ملازمتوں سے نکال دیا گیا ان کے عہدے گھٹا دیئے گئے۔ انہیں معطل کیا گیا یا پھر مختلف محکموں میں انہیں سزا کا مستحق قرار دیا گیا۔

ہم قطعی طور پر اس بات پر بھروسہ کرنے تیار ہیں کہ ان افراد میں سے چند کی خدمات کو نظم و نسق کے بہتر مفاد میں جاری رکھنے کی اجازت نہیں دی جا سکتی تھی لیکن زیادہ تر افراد کو جن کا کوئی قصور ہی نہیں تھا بنا کسی مناسب وجوہات کے انہیں کیوں متاثر کیا گیا؟ کچھ واقعات شک و شبہ اور جھوٹے الزامات کے ہو سکتے ہیں۔ ہمارے پاس اس بات کے ناقابل تردید ثبوت ہیں کہ ان میں سے بیشتر افراد معصوم ہیں اور ہمیں یہ یقین بھی ہے کہ یہ افراد نئی حکومت کیلئے قابل اعتبار اور بھروسہ مند ثابت ہو سکتے ہیں۔ یہ ایک حقیقت ہے کہ خدمات میں اس طرح کے ردوبدل کی وجہہ سے مسلم خاندانوں کی ایک

بہت بڑی تعداد قابل لحاظ حد تک معاشی مصائب میں مبتلا ہوگئی۔ ہم یہ محسوس کرتے ہیں کہ تمام سرکاری ملازمین تاوقتیکہ ان کے خلاف قطعی جرم کا ثبوت واضح نہ ہو، انہیں جلد سے جلد دوبارہ خدمات میں واپس لیا جانا چاہیئے۔

یہ حقیقت ہے کہ اس طرح کے بدتر تجربے کے سبب حیدرآبادی مسلمانوں میں یہ تاثر پیدا ہوگیا کہ انہیں فرقہ پرستی کا شکار بنایا گیا ہے۔ یہ مسلمان فطری طور پر جیو اور جینے دو پر کاربند ہیں۔ ہمارا یہ ایقان ہے کہ اگر انہیں بے اعتمادی اور مایوسی کے اس ماحول سے باہر نکالا جائے تو وہ پوری طرح خوش اور مطمئن ہوں گے۔

سفارشات:

(۸) ابھی تک جو ہمارے تاثرات پیش کئے گئے ہیں ان کو مد نظر رکھتے ہوئے ہم حسب ذیل سفارشات پیش کرنا چاہتے ہیں۔ ہماری دانست میں حیدرآباد میں فرقہ وارانہ امن اور ہم آہنگی کو قائم کرنے میں یہ مددگار ہوں گے۔ ہمارا یہ مطلب نہیں کہ ہم جو سفارشات و اقدامات کو بیان کر رہے ہیں اس پر موجودہ نظم و نسق نے توجہ نہیں دی ہے بلکہ ہم ان مسائل کی ایک فہرست پیش کر رہے ہیں جس کے بارے میں ہم مطمئن ہیں کہ وہ غور طلب ہوں گے۔ ہماری نظر میں جو زیادہ موزوں سفارشات ہیں ان کو ترجیحی بنیاد پر یہاں پیش کیا جارہا ہے۔

(i) سب سے اہم اور عاجلانہ ضرورت اس بات کی ہے کہ تمام متاثرین کو تمام ضروری راحت حاصل ہونی چاہیئے۔

(a) ان تمام مکانات و اراضیات سے جہاں سے مسلمانوں کو بے دخل کر دیا گیا ہے اور وہ تمام جائیداد جنہیں ان کے حقیقی مالکان کو واپس نہیں دلایا گیا ہے انہیں دوبارہ

مسلمانوں کو واپس دلایا جائے۔ ضروری ہو تو جو لوگ اس وقت قابض ہیں انہیں وہاں سے نکال دیا جائے۔

(b) جو مکانات تباہ ہو گئے ہیں ان کی مرمت کی جائے اور انہیں رہائش کے قابل بنایا جائے۔

(c) اغوا کی گئی عورتوں اور بچوں کو جنہیں تا حال واپس نہیں لایا گیا ہے انہیں ان دونوں مقامات یعنی اندرون اور بیرون ریاست (جیسے شولا پور اور ناگپور) سے واپس لایا جائے اور ان کے حقیقی سرپرستوں کے حوالے کیا جائے۔ اگر ان کے کوئی سرپرست موجود نہ ہوں تو حکومت ان کے گزر بسر کے علاوہ انہیں زندگی گذارنے کیلئے روزگار اور درکار تربیت فراہم کرے۔

(d) جو اپنے روزگار سے محروم ہو چکے ہیں یا جو اپنے گھر کے واحد کمائی پوت ہیں یا وہ دوسری طریقہ سے بے یار و مددگار بنا دیئے گئے ہیں ان کو کام دیا جائے۔ ان کیلئے ہینڈی کرافٹ یا کاٹیج انڈسٹریز قائم کی جائے۔ ان کے لئے سرمایہ فراہم کیا جائے تاکہ وہ تجارت وغیرہ کر سکیں اور چند مستحق کیسز میں حکومت ان کے گزر بسر کا سامان فراہم کرے۔

(e) کاشت کرنے والے ضرورت مندوں کو درکار سبسیڈی یا ضروری مدد دی جانی چاہئے تاکہ وہ اپنے پیشے کو دوبارہ شروع کر سکیں۔

(ii) مساجد کو دوبارہ بحال کیا جائے اور جو اس کے نگران کار ہیں انہیں واپس کر دیا جائے۔ جہاں جہاں مساجد میں مورتیاں بٹھا دی گئی ہیں انہیں وہاں سے ہٹا دیا جائے۔

(iii) اس مدت کے دوران جو تبدیلی مذہب کیا گیا ہے اس کو قانوناً کالعدم قرار دیا جائے۔

(iv)اوپر جو سفارشات بیان کی گئی ہیں اس کی عمل آوری کیلئے ہم مودبانہ طور پر یہ صلاح دیتے ہیں کہ دونوں طبقات ہندوؤں اور مسلمانوں پر مشتمل فوری طور پر ایسی مشترکہ کمیٹیاں بنائی جائیں جس میں سرکاری وغیر سرکاری دونوں عہدیدار شامل ہوں۔

(v) ہماری دوسری صلاح یہ ہے کہ ایچ ای ایچ دی نظام (حضور نظام) اپنی متاثر ہوئی عوام کی راحت و بازآبادکاری کیلئے اپنی جیب خاص سے رقم خرچ کریں۔ (پنڈت سندرلال نے، جنہیں نظام نے مدعو کیا تھا، ملاقات کے دوران حضور نظام کو شخصی طور پر یہ صلاح بھی دی)۔

(vi) ہمیں اس بات کی قطعی اطلاعات ہیں کہ جن لوگوں نے یہ ظلم و ستم کیا حتی کہ بلوائیوں کی قیادت بھی کی ان کی ایک بڑی تعداد مختلف اضلاع میں روپوش ہے۔ ہم یہ جانتے ہیں کہ شرپسندوں اور تفرقہ پرداز ان افراد کو حراست میں لینے ملٹری کے گورنر کو ہم نے پہلے ہی توجہ دلائی ہے۔ ہم یہاں اس بات پر زور دینا ضروری سمجھتے ہیں کہ اس کام میں تیزی لائی جائے اور ایسے موثر اقدامات جہاں جہاں ضروری ہوں کئے جائیں۔

(vii) بنا کوئی پس و پیش کرتے ہوئے ہم شاید ہمیں دیئے گئے کام سے ہٹ کر مستقبل کے انتظامیہ میں تبدیلی کیلئے متوجہ کررہے ہیں۔ حقیقت یہ ہے کہ ہم نے، جن شعبوں سے متعلق ہمیں جو ذمہ داری دی گئی ہے، سے متعلق اہم اقدامات کا جوکھم لینا چاہتے ہیں۔ ہم نے پہلے ہی اس بات پر توجہ مبذول کرائی ہے جو مسلمانوں کے ذہنوں میں حقیقی و شدید خوف کا سبب بنی ہے۔ یعنی حیدرآباد میں ایک ذمہ دار حکومت ہندو اکثریت کی مرضی و منشاء پر مبنی ہے۔ یہ شبہات موجودہ صورتحال میں جہاں دونوں طبقات کے تلخ تعلقات اور اس کے علاوہ کانگریسیوں کے طرز کی وجہہ سے دھماکہ خیزی سے کم نہیں۔ ہمیں یہ ریمارک کرتے ہوئے پس و پیش ہورہا ہے کہ ریاستی کانگریس موجودہ ہنگاموں

کے دوران اطمینان بخش مظاہرہ کرنے میں ناکام ثابت ہوئی۔ اس لئے حکومت کے طرز میں کسی بنیادی تبدیلیوں کو صحیح عکس میں نہیں دیکھا جارہا ہے۔ ہم بصد احترام یہ مشورہ دے رہے ہیں کہ کم از کم چند سالوں تک حکومت کی جانب سے تبدیلیوں کو ملتوی رکھا جائے۔ ریاست کے اعلیٰ سطح پر انتظامی ڈھانچہ میں کم از کم دو مزید مسلمانوں کو شامل کیا جائے تا کہ وہ اپنے ہم مذہب افراد میں اپنی موثر صلاحیتوں کے ذریعہ اعتماد پیدا کر سکیں۔

(viii) ہم اس بات کو تسلیم کرتے ہیں کہ سرکاری خدمات والے ان ملازمین کو بحال کرنے کی ضرورت ہے جو قابل بھروسہ ہیں۔ ہم اس بات پر بھی زور دیتے ہیں کہ خدمات میں تبدیلی کیلئے احتیاط کو ملحوظ رکھا جائے۔ اس سے یہ تاثر پیدا نہ ہو کہ حکام مخالف مسلم یا مخالف حیدرآبادی تعصب رکھتے ہیں۔

(ix) آخر میں ہم اس بات کی صلاح دیتے ہیں کہ جو گڑبڑ کرنے والے ہیں ان کو سخت سزائیں دی جائیں اور جو انصاف کے طلب گار ہیں ان کے ساتھ رحمدلی سے پیش آیا جائے۔ ہم یہ جانتے ہیں کہ ملٹری گورنر نے مشتبہ رضاکاروں کو رہا کرنے اور جو قانون شکن ثابت ہوئے ہیں ان سے نمٹنے کے علاوہ بے قصوروں کو آزاد کرنے کے اقدامات کئے ہیں۔ ہم یہاں اس بات کی سفارش کرتے ہیں کہ جنہوں نے برسرعام اپنی غلطیوں کا اعتراف کیا ہے اور جو اپنے کئے پر نادم ہیں ان تمام کو سوائے استثنائی معاملات کے ممکنہ حد تک ان کے ساتھ رحم کا معاملہ کیا جائے۔ جہاں قانون نے سخت ترین سزاؤں کی گنجائش رکھی ہے ان معاملات میں مقدمات دائر کرنا حق بجانب ہے۔ ایسے معاملات جہاں مقدمات دائر نہیں کئے گئے ہیں وہاں انسانی بنیاد پر عفو و درگزر سے کام لیا جائے۔ یہ بات دلوں کو جوڑنے اور شبہات کو ختم کرنے میں معاون ہو گی۔ ہم اچھے کام کی توقع کرتے ہیں اور اس کی شروعات سے دونوں طبقات میں مستقل امن اور ہم آہنگی پیدا ہو۔ اختتام سے

قبل ہم ممونیت کے ساتھ ان تمام کی قابل قدر خدمات کا اعتراف کرتے ہیں جنہوں نے ہمارے ساتھ تعاون کیا ہے۔ حیدرآباد کے ملٹری اڈمنسٹریشن، اضلاع میں جہاں جہاں ہم نے دورہ کیا ہے وہاں سرکاری عہدیداران، عوامی کارکن، سربرآوردہ شہریان اور آخر میں ہمارے دو سکریٹریز مسرز فرخ سیر اور پی پی امبولکر کے ہم ممنون ہیں"۔

سفر کی تفصیل:۔

I۔ مولانا عبداللہ مصری۔ آلہ آباد۔ ۳

فرخ سیر۔ کلکتہ۔ ۴

فرید مرزا۔ حیدرآباد

امبولکر۔ پی اے ٹو سندر لال۔

II۔ پنڈت سندر لال، قاضی عبدالغفار، مولانا عبدالباسط صاحب اور مسٹر یونس سلیم کا پروگرام۔

۶ دسمبر ۱۹۴۸ء

روانگی بذریعہ کار۔ صبح ۹ بجے۔ ایک کار اور ایک جیپ کی ضرورت ہے۔

آمد ظہیر آباد۔ ۶۰ میل۔ ۲ بجے دن۔

ظہیر آباد پر ان کیلئے دوپہر کے کھانے کا انتظام کیا جانا ہے۔

روانگی ظہیر آباد۔ ایک بجے دن۔ آمد۔ ہمنا آباد۔ ۳۰ میل۔ ۲ بجے دن۔

روانگی۔ ہمنا آباد۔ سہ پہر ۳ بجے۔ آمد۔ راجیشر (۸ میل)۔ ۳:۱۵ بجے۔

روانگی۔ راجیشر۔ ۳:۴۵ بجے۔ آمد۔ کلیانی۔ (۱۲ میل)۔ ۴:۱۵ بجے۔

کلیانی میں رات کا قیام۔ ان کیلئے قیام و طعام کا انتظام کیا جانا۔

۷ دسمبر ۱۹۴۸ء

روانگی کلیانی۔ ۱۰ بجے دن۔ آمد۔ عمر گاہ۔ (۲۲ میل)۔ ۱۱ بجے دن۔

روانگی عمری گہ۔ ۱۲ بجے دن۔ آمد۔ نلدرگ۔ ایک بجے دن۔

ان کیلئے دوپہر کے کھانے کا انتظام کیا جانا۔

روانگی نلدرگ۔ ۲:۳۰ بجے دن۔ آمد۔ تلجاپور (۱۶ میل) سہ پہر ۳ بجے۔

آمد عثمان آباد۔ (۱۵ میل)۔ ۴:۳۰ بجے شام

رات کا قیام اور ان کیلئے قیام و طعام کا انتظام کیا جانا۔

۸ دسمبر ۱۹۴۸ء

روانگی۔ عثمان آباد۔ ایک بجے دن۔ آمد۔ تڈوالا (۱۵ میل)۔ ۱:۳۰ بجے دن۔

آمد تار اینڈ دھوگی۔ ۲ بجے دن۔

آمد۔ لاتور (۲۰ میل) ۲:۴۵ بجے دن۔

رات میں قیام۔ ان کیلئے قیام و طعام کا انتظام کیا جانا۔

روانگی۔ لاتور۔ ۱۰ بجے دن۔ آمد چکور۔ ۱۰ بجے دن۔

روانگی چکور۔ ۱۱:۳۰ بجے دن۔ آمد۔ اودگیر (۱۵ میل) ۱۲ بجے دن۔

دوپہر کے کھانے کا انتظام کیا جانا۔

روانگی۔ اودگیر۔ ایک بجے دن۔ آمد۔ دتونی۔ (۱۶ میل) ۱:۳۰ بجے دن۔

کمال نگر اور اودگیر کے درمیان جو موضع ہے وہاں روانگی۔

روانگی۔ دتونی۔ ۳:۳۰ بجے سہ پہر۔ آمد۔ قندھار۔ (۶۰ میل)۔ ۶ بجے شام۔

قندھار میں شب بسری۔ ان کیلئے تمام انتظامات کیا جانا۔

۱۰ دسمبر ۱۹۴۸ء

روانگی۔ قندھار۔۸ بجے صبح۔ آمد۔ناندیڑ(۲۵ میل)۹ بجے دن۔

ناندیڑ میں دوپہر کے کھانے کا انتظام کیا جانا۔

روانگی۔ ناندیڑ۔(۲:۳۰ بجے دن) آمد۔ دیگلور(۵۰ میل)۴:۳۰ بجے شام۔

روانگی۔ دیگلور۔ ۵:۰۰ بجے شام۔

آمد۔ نظام ساگر۔(۴۰ میل)۔ شام ۶:۳۰ بجے۔

قیام و طعام کا انتظام کیا جانا۔

۱۱ دسمبر ۱۹۴۸ء

روانگی۔ نظام ساگر۔ ۹:۰۰ بجے صبح۔

آمد۔ حیدر آباد۔ ایک بجے دن۔

***

باب:۵

رازداری نوٹس:

ریاست حیدرآباد میں ملٹری اڈمنسٹریشن کی جانب سے امن قائم کرنے کے باوجود فرقہ وارانہ بے اعتمادی کی خبروں کے حصول کو دیکھتے ہوئے ایک خیر سگالی مشن حکومت ہند کی ایماء پر دہلی سے حیدرآباد روانہ ہوا۔ یہ مشن پنڈت سندر لال، قاضی عبدالغفار، مولانا عبداللہ مصری کے علاوہ اس مشن میں شامل سکریٹریز مسٹر فرخ سیر شاکری اور مسٹر پی پی امبولکر پر مشتمل تھا۔

یہ وفد ۲۹نومبر ۱۹۴۸کو دوپہر میں حیدرآباد پہنچا۔ اپنی آمد کے بعد آدھا دن اور ۳۰نومبر کا بڑا حصہ اس مشن نے حیدرآباد میں پناہ گزینوں کے کیمپس کے معائنہ میں گزرا۔ شہر کے ہندو اور مسلمان شرفاء سربرآوردہ شہریوں کی ایک قابل لحاظ تعداد سے ملاقات بھی کی۔ ۳۰نومبر کی شام ملٹری گورنر میجر جنرل جے ایم چودھری کی دعوت پر پنڈت سندر لال اور قاضی عبدالغفار ریاست کے متاثرہ اضلاع میں سے چند اضلاع کے دورہ پر روانہ ہوئے۔ اور اس دورہ میں ملٹری گورنر بھی ان کے ہمراہ تھے۔ اس وفد نے جیپ میں چند صد میل کا دورہ کرتے ہوئے بیدر، لاتور، اودگیر کے اہم ٹاؤنس اور بے شمار دیگر مواضعات کا دورہ کیا۔ ابتدائی چار مقامات پر ملٹری گورنر کے صلاح پر پنڈت سندر لال نے چند ثانیوں کے لئے ہر مقام پر بڑے اجتماعات جو ملٹری گورنر کے اعزاز میں رکھے

گئے تھے میں شرکت کی اور خطاب کیا۔

ان مقامات پر فرقہ وارانہ ہم آہنگی کی اپیلیں کی گئیں۔ عوام کو یہ تیقن دیا گیا کہ ہند۔یونین کی جانب سے یہاں جو ملٹری اڈمنسٹریشن قائم کیا گیا ہے وہ ایک سیکولر نظم و نسق ہے جہاں عوام بلالحاظ ذات پات، عقیدہ، مساویانہ شہری حقوق اور اپنے عقائد اور اس پر عمل کی پوری آزادی کے مستحق ہیں۔ وفد کے ارکان کو یہ دیکھ کر اطمینان ہوا کہ ان نشستوں اور اجلاسوں میں ہندو اور مسلمان دونوں پوری آزادی کے ساتھ گھل مل کر دیکھے گئے اور وہ اچھے پڑوسیوں کی طرح مل کر رہنا چاہتے ہیں۔

پنڈت سندر لال اور قاضی عبدالغفار یکم دسمبر کی شب حیدرآباد واپس ہوئے۔ (دوران راہ ضلع نلگنڈہ و دیگر علاقوں کا بھی دورہ کیا۔) ۲ دسمبر سے آئندہ چار دن حیدرآباد میں گزرے جہاں عوام کی بڑی تعداد جن میں ہندو، مسلمان، سرکاری و غیر سرکاری عہدیدار، کانگریس و دیگر طبقات سے تعلق رکھنے والے شامل تھے۔ سے ملاقاتیں ہوئیں۔ بے شمار خانگی نشستوں اور جلسوں سے خطاب ہوا۔

۶ دسمبر کو اس مشن کو دو حصوں میں تقسیم کیا گیا۔ ایک حصہ پنڈت سندر لال، قاضی عبدالغفار، مسٹر امبولکر اور حیدرآباد سے تعلق رکھنے والے چند مقامی شرفاء پر مشتمل تھا۔ دوسرا حصہ مولانا عبداللہ مصری، مسٹر فرخ سیر اور دیگر چند مقامی دوستوں پر مشتمل تھا۔ وفد کے پہلے حصہ والی جماعت نے اضلاع بیدر، گلبرگہ، عثمان آباد، ناندیڑ اور میدک کا دورہ کیا۔ دوسری جماعت نے گلبرگہ، بیدر، عثمان آباد، بیڑ اورنگ آباد کے اضلاع کا دورہ کیا۔ وفد کی یہ دونوں جماعتیں ۱۲ دسمبر کو حیدرآباد واپس ہوئیں۔

۶ دسمبر سے ۱۲ دسمبر تک ایک ہفتہ کے دوران ان دونوں جماعتوں نے چھوٹے بڑے ۵۱ مقامات کا دورہ کیا اور اس کے علاوہ ۱۵۰ سے زائد مواضعات میں موجودہ

صورتحال سے متعلق شواہد حاصل کئے۔ ہم نے ۱۵۰ سے زائد عینی شواہدین سے شہادتیں حاصل کیں جن میں ہندو، مسلمان عہدیداران، کانگریسی و دیگر شامل ہیں۔ شخصی طور پر دوہری تعداد سے حالات معلوم کئے گئے۔ کچھ واقعات میں عینی شاہدین کی خواہش پر ہماری اپنی مساعی پر بند کمروں میں معلومات حاصل کی گئیں۔ دیگر واقعات میں عوام کے گروپ کے درمیان بھی واقعات کی جانچ کا کام انجام دیا گیا۔ ہم نے جو شواہدین کے بیانات کو ضبط تحریر کیا ہے ان میں خواتین کی ایک بڑی تعداد بھی شامل ہے۔

۱۳ سے ۱۹ دسمبر کے دوران ہم حیدر آباد میں رہے۔ ہم نے جو شواہد اکٹھا کئے تھے ان کی تنقیح میں کچھ وقت گزرا اور کچھ وقت لوگوں سے ملاقات میں۔ ہم نے کئی عوامی نشستوں اور جلسوں سے بھی خطاب کیا۔ ان تمام مواقعوں پر ہمارے خطاب کا لب لباب نظم و نسق کے سیکولر ہیئت کی عوام میں وضاحت کرنا اور انہیں یہ یقین دلانا کہ انہیں مساویانہ مواقع اور مساویانہ حقوق حاصل ہوں گے۔ ہم نے عوام سے یہ بھی اپیل کی کہ وہ تکلیف دہ ماضی کو فراموش کر دیں۔ امن کو بنائے رکھیں اور طبقات کے درمیان مکمل بہتر تعلقات کو بنائے رکھیں۔ ہم نے جو تحقیقات کی ہیں اس کے نتیجہ کے طور پر ہم ذیل میں اختتامیہ مرتب کر رہے ہیں۔

وقار الامراء مرحوم اور آنجہانی مہاراجہ کشن پرشاد کے عہد میں، چند ایک دہے قبل بھی جہاں تک مختلف طبقات کے درمیان تعلقات کا معاملہ ہو حیدر آباد تقریباً ایک مثالی مقام مانا جاتا تھا۔ ہم یہاں حقائق اور ان کی تشریحات میں جانا نہیں چاہتے۔ بتدریج موجودہ نظام (حضور نظام نواب میر عثمان علی خاں بہادر) کے مطلق العنان حکومت آگے بڑھتی رہی۔ نچلی سطح سے بالائی سطح تک کرپشن میں اضافہ ہوا۔ حتی کہ نسبتاً چھوٹے عہدے بھی حکمران کی جانب سے زیادہ بولی دہندگان کو ہراج کئے جاتے تھے۔

ان حالات میں کارکردگی کا زیادہ سے زیادہ متاثر ہونا یقینی تھا۔ اچھے وزراء جیسے سر اکبر حیدری اور سر مرزا اسمعیل خود کو بے یارو مددگار سمجھنے لگے۔ بے خوف و نڈر آریہ سماجی ریاست کے باہر سے داخل ہونے لگے۔ وہ اپنی تقاریر کی آزادی اور اپنے عمل کی آزادی کے دعوے کے ساتھ دوسرے طبقات بالخصوص ہندوستنا میں اسلام کے عروج کو شدید تنقید کا نشانہ بنانے لگے۔ آریہ سماجیوں کی سرگرمیوں پر ہندوستان کے مختلف علاقوں سے مولوی بھی بے داغ ہونے لگے۔ مناظرے ہونے لگے۔ تقاریر کا جواب تقاریر سے دیا جانے لگا۔ حکومت کو تقاریر کی آزادی کم کرنا پڑا اور دیگر اقدامات کئے گئے۔ ان کے احکامات و فرمان تمام پر لاگو تھے لیکن موجودہ صورتحال میں یہ بات فطری معلوم ہوتی ہے کہ مسلمان جلسے جلوسوں کے لئے بہ آسانی اجازت حاصل کرپاتے۔ جب کہ ہندو یا آریہ سماجیوں کے لئے ایسا نہیں ہوپاتا۔ ۱۹۳۵ء میں آریہ سماجیوں نے ستیہ گرہ کی۔ یہ شہری اور مذہبی آزادی کی جدوجہد کے لئے تھی۔

حیدرآباد میں مذہبی عدم رواداری سے متعلق بے بنیاد اور لغو باتیں بڑھا چڑھا کر سارے ملک میں پھیلائی جانے لگی۔ یوں توں کرکے یہ ستیہ گرم ختم ہوئی۔ عوام کے درمیان ایک ایسا طبقہ بھی تھا جو مکمل غیر فرقہ وارانہ خطوط پر ایک ذمہ دار حکومت کے لئے تحریک چلانا چاہتا تھا۔ مہاتما گاندھی نے عمداً ان کو پس پشت رکھا اس لئے کہ جس طرح فرقہ ورایت کا کھیل کھیلا جارہا تھا وہ کہیں اس میں شامل نہ ہو جائے۔ اس کے فوری پر ریاست کانگریس نے ایک ذمہ دار حکومت کے قیام کے لئے تحریک شروع کی۔ یقینی بات ہے کہ نظام (حضور نظام) نے اس کو کچلنے کی کوشش کی۔ پوری آبادی میں ریاست کے ہندووں کا تناسب ۸۵ فیصد تھا۔

ہندوستان بھر میں جو فرقہ وارانہ تقسیم ہے بے اعتماری پھیلی ہوئی تھی اس سے

حیدرآباد کا بچنا ممکن نہیں تھا۔ مسلمانوں کو یہ خوف تھا کہ حیدرآباد میں ایک ذمہ دار حکومت کا مطلب اکثریتی طبقہ کی حکمرانی یعنی ہندوراج۔ عام طور پر مسلمانوں نے ذمہ دار حکومت کے لئے ریاستی کانگریس کی تحریک کی مخالفت کی اور ایسے ہی وقت اسٹیٹ کانگریس نے اپنی یہ تحریک شروع کی۔

عملی طور پر یہ تحریک فرقہ وارانہ خطوط پر مبنی ہوگئی۔ ریاست حیدرآباد میں اس تحریک کو کچل دیئے جانے کے اندیشوں کے سبب ریاست کے بیرونی حصوں جو ہندوستانی سرحدوں سے متصل ہیں ان علاقوں پر تحریک کو مرکوز کیا گیا۔ سرحدی علاقوں سے ریاست کے آکٹرائے (چنگی محصول) کی چوکیوں اور پولیس کی چوکیوں پر حملے کئے گئے۔ حیدرآباد میں ریاستی کانگریس کی تحریک یقینی طور پر پر تشدد تھی۔ وہ اسلحہ، گولہ بارود، دھماکو اشیاء اور ڈائنامٹس استعمال کرتے تھے۔ سکریٹری (کانگریس سکریٹری) نے اپنی سرکاری رپورٹ میں اس بات کا اعتراف کیا ہے کہ ان کی تحریک کے نتیجہ میں دشمن کے ۲۰۰۰ سے زائد لوگ مارے گئے۔ تشدد نے فرقہ واریت کو فروغ دیا اور فرقہ واریت نے تشدد کو۔

اتحاد المسلمین جو بنیادی طور پر ایک مذہبی اور سماجی اصلاحات کی تحریک تھی، ایک اہم سیاسی تحریک بن گئی۔ اس کا اہم مقصد ایک جمہوری حکومت قائم کرنے ہندووں کے مطالبہ کی مزاحمت کرنا ہے۔ رضاکار اتحاد المسلمین کی عسکری شاخ تھی۔ پس دونوں طبقات کے درمیان جو خوشگوار تعلقات موجود تھے وہ بتدریج ختم ہونے لگے اور حیدرآباد فرقہ وارانہ تناؤ کی ایک آماجگاہ بن گیا۔

ہمارے دورہ کے درمیان ہم نے رضاکاروں کے ظلم وستم کے بیانوں کی بھی سماعت کی۔ ہم نے ان کئی مقامات کا بھی معائنہ کیا جو پچھلی حکومت میں زیادہ متاثر ہوئے تھے۔

رضاکاروں کا ظلم و ستم ۱۵ اگست ۱۹۴۷ء سے ہندیونین کی جانب سے ستمبر ۱۹۴۸ء میں پولیس ایکشن تک رہا۔ ان کی زیادتیاں زیادہ تر ان ٹاؤنس اور دیہاتوں تک تھیں جہاں وہ ماہانہ وصولی کرتے تھے۔ اگر کوئی اپنے طور پر انہیں یہ رقم ادا کر دیتا تو وہاں کوئی گڑبڑ نہیں ہوتی۔ لیکن جہاں ان کی مزاحمت کی جاتی وہاں لوٹ مار شروع کی جاتی۔ جہاں لوٹ مار کے دوران کوئی مزاحمت نہیں ہوتی وہاں کوئی گڑبڑ نہیں ہوتی۔ لوٹی ہوئی املاک کو کبھی موٹر ٹرک کے ذریعہ منتقل کیا جاتا۔ جہاں ان کی مزاحمت کی جاتی وہاں قتل، آتشزنی، مندروں کی بے حرمتی اور کبھی عصمت ریزی اور عورتوں کے اغوا کے واقعات بھی ہوتے۔

نظم و نسق زیادہ تر مسلمانوں کے ہاتھ میں تھا۔ وہ ان ظلم و زیادتیوں کی اجازت دیتے یا پھر رضاکاروں کے ساتھ تعاون کرتے۔ اس لا قانونی سرگرمیوں کی تائید کا مقصد یہی تھا کہ وہ یہ سمجھتے تھے کہ رضاکار ہندو راج سے ان کی حفاظت کریں گے۔ اس طرح نظام کی حکومت کی تائید کی جاتی۔ جو عہدیدار جو ایسی سوچ نہیں رکھتے وہ خود کو بے یارومددگار سمجھتے تھے۔ رضاکاروں کے ظلم و زیادتی کی کہانیوں کو ہندوستانی اور بیرونی ذرائع ابلاغ میں بڑھا چڑھا کر پیش کیا جاتا ااور ساتھ ساتھ ہی بھی تاثر دیا جاتا کہ رضاکاروں کی لا قانونی سرگرمیاں مسلمانوں کی جانب سے شروع کی گئی تحریک ہے جو تیزی سے جڑ پکڑ رہی ہے۔

اس صورتحال نے پڑوسی ہندوستانی صوبوں سے مسلمانوں کو ریاست حیدرآباد ہجرت کرنے اور وہاں رہائش پذیر ہونے مائل کیا چوں کہ ریاست حیدرآباد میں مسلمان اقلیت میں تھے۔ اس لئے وہ اس اقلیت کو ایک اکثریت میں بدلنے کی کوشش قرار دیتے۔ ایک قابل لحاظ اقلیت سینکڑوں ہزاروں مسلمان حیدرآباد آنے لگے اور ان میں سے بہت وہیں مقیم ہیں اور پولیس ایکشن آچکا۔

ہزاروں ہندو رضاکاروں کے ظلم و زیادتی کی وجہ سے پرانی حکومت اپنے گھر بار

چھوڑ چکے تھے اور متصل ہندوستانی علاقوں میں پناہ لئے ہوئے تھے۔ ہندوستانی فوج کی کامیابیوں کی خبر سن کر وہ ریاست حیدرآباد میں اپنے گھروں کو واپس ہونے لگے۔ ہزاروں ہندو جنھوں نے گھر بار نہیں چھوڑا رضاکاروں کے دباؤ کو وہ محسوس کرتے تھے، انہوں نے ہندوستانی فوج کا ان کے نجات دہندہ کی حیثیت سے خیر مقدم کیا اور راحت کی سانس لی۔ ہندو آبادی کے ایسے دونوں طبقات فرقہ وارانہ زہر سے لبریز ہو چکے تھے۔ ان میں سے کئی نظام نظم و نسق میں رضاکاروں اور ان کے حامیوں کے ہاتھوں متاثر ہو چکے تھے۔

حکومت ہند نے تمام لا قانونیت کو ختم کرنے اور امن کو قائم کرنے کی پالیسی کا اعلان کیا۔ اس میں ان آبادیوں کو راحت حاصل ہوئی، کئی عہدیداروں اور عملہ نے اس پالیسی پر عمل کیا اور کئی ایسے بھی تھے جنھوں نے فرقہ وارانہ جذبات کی بنیاد ظلم و زیادتی کی کھلی چھوٹ دے رکھی تھی۔

ہمیں یہ بھی بتایا گیا کہ شولا پور اور سرحد کے علاقوں کے مختلف ٹاؤن سے تعلق رکھنے والے بے شمار تربیت یافتہ مسلح افراد جن کا تعلق ایک مشہور ہندو فرقہ وارانہ تنظیم سے ہے وہ ہندوستانی فوج کے ساتھ یہاں داخل ہوگئے۔ ہندوستانی فوج کی آمد پر مسلم آبادی فطری طور پر دہشت زدہ ہوگئی۔ ہندوستانی فوج جہاں جہاں گئی وہاں اس نے عوام کو حکم دیا کہ وہ اپنے تمام ہتھیار حوالے کر دیں۔ یہ احکامات ہندوؤں اور مسلمانوں دونوں کے لئے یکساں تھے، لیکن عملی طور پر یہاں مسلمانوں سے تمام ہتھیار چھین لئے گئے بسا اوقات ہندو آبادی کی مدد سے ایسا کیا گیا۔

ہندو جنہیں ہندوستانی فوج سے کوئی خوف و ڈر نہیں تھا ان سے ہتھیار حاصل نہیں کئے گئے۔ ایک گاؤں میں جہاں ہم نے دورہ کیا تھا ہم نے ایک غیر رجسٹرڈ شدہ غیر لائسنس یافتہ دوہری نالی والی بندوق، ۳۰۳ رائفل ایک ہندو نوجوان کے پاس سے حاصل

کی اور اسے حیدرآباد کی اتھاریٹی کے پاس جمع کروایا۔ عام طور پر ہندوؤں سے ہتھیار حاصل نہیں کئے گئے۔ یہی نہیں بلکہ بڑے پیمانے پر ہندوؤں نے ہندوستانی فوج کے ساتھ مل کر مسلمانوں کے ہتھیار چھین لئے اور اسے ہندوؤں میں تقسیم کرنا شروع کر دیا۔ ہندوستانی فوج نے بھی ایسا ہی کیا۔

یہ بات واضح رہے کہ حیدرآباد شہر کے باہر ہر جگہ مسلمان ایک افسردہ اقلیت ہیں۔ یہ بہ آسانی ہندو فرقہ پرست جنونیوں کا نوالہ بننے لگے۔ قتل، خون، آتشزنی، لوٹ، مساجد کی بے حرمتی، جبری تبدیلی مذہب، عصمت ریزی، عورتوں کے اغوا کے واقعات، کئی مقامات پر تقریباً تمام ریاست میں برے پیمانے پر دیکھے گئے۔

* * *

باب:٦

ریاست کے ١٦ اضلاع میں سے ۴ اضلاع جن کے نام ہیں عثمان آباد، گلبرگہ، بیدر اور ناندیڑ شدید متاثر ہوئے ہیں۔ عثمان آباد ٹاؤن جو ضلع کا مستقر بھی ہے سے تعلق رکھنے والے ایک انتہائی با اعتبار معزز شخص جنہیں مخالف رضاکار سرگرمیوں کی وجہ سے پچھلی حکومت میں چھ مہینے جیل میں گزارنے پڑے، ہمارے کہنے پر عثمان آباد مستقر میں گھر گھر جاکر تحقیقات کی اور کتنے لوگ ہلاک ہوئے ہیں ان کی فہرست تیار کی۔ افواہیں تو بڑے پیمانے پر چلتی رہیں لیکن اس معزز شخصیت نے جو فہرست تیار کی اس سے ہم مطمئن ہیں جس کے مطابق اس میں بتایا گیا کہ ۲۵۷ کا قتل کیا گیا اور ۱۹۰ دوسرے لاپتہ ہوئے۔ لاپتہ افراد کی اکثریت کے بارے میں یہ بتایا گیا ہے کہ انہیں بھی قتل کر دیا گیا ہو گا۔

لاتور ٹاون جو اسی ضلع میں واقع ہے کافی شدید متاثر رہا۔ چند عینی شاہدین نے ہمیں بتایا کہ لاتور میں ۲۰۰۰ اور ۲۵۰۰ کے درمیان مسلمانوں کا قتل عام ہوا ہے۔ ہمارے سامنے جو شواہد رکھے گئے تھے ان تمام کا جائزہ لینے کے بعد ہم اس نتیجہ پر پہنچے کہ لاتور مستقر اور اس کے قریبی نواحی علاقوں میں کم از کم ایک ہزار مسلمانوں کا قتل کیا گیا۔

لاتور ایک بہت بڑا تجارتی مرکز ہے۔ یہاں کئی بڑے کچی تاجر ہیں۔ یہاں کی مجموعی مسلم آبادی تقریباً دس ہزار تھی لیکن جب ہم نے اس ٹاؤن کا دورہ کیا ہے۔ ۳۰۰۰ لوگوں کا ہم نے تخمینہ کیا ہے۔ ان میں سے کئی اپنی زندگی کو بچانے راہ فرار اختیار کر چکے ہیں۔ یہاں بیس دن تک قتل عام جاری رہا۔ موضع مورم کا نمبر تیسرا آتا ہے۔ کانگریس کے

ایک ہندو کارکن کے مطابق اس موضع میں لگ بھگ چار سو اموات ہوئی ہیں جب کہ مسلمانوں نے یہ تعداد تقریباً ۱۰۰۰ بتائی ہے۔ ضلع میں ۱۵۰۰ جملہ دیہاتوں کے منجملہ صرف چند ایک غیر متاثر رہے۔

ایک محتاط اندازہ کے مطابق ان ضلاع میں ۵۵۰۰ اور ۱۰۰۰۰ کے درمیان مسلمانوں کو قتل کیا گیا۔ قتل عام میں شدید متاثرہ ضلع کے اعتبار سے ہمیں موصول شواہد کی بنیاد پر گلبرگہ کا نمبر دوسرا آتا ہے۔ ہم ان تفصیلات میں جانا نہیں چاہتے کہ ضلع کے مختلف مقامات پر کتنی تعداد کو کاٹا گیا۔ ہم ضلع گلبرگہ میں کی گئی مجموعی ہلاکتوں کے بارے میں کہنا چاہتے ہیں جو ۵۰۰۰ اور ۸۰۰۰ کے درمیان ہونی چاہئے۔ ہم نے تعداد کا تخمینہ ہندوؤں اور کانگریس کی جانب سے دی گئی معلومات سے لگایا ہے۔

ضلع بیدر بھی اتنا ہی متاثر ہوا جتنا گلبرگہ۔

چوتھا ضلع ناندیڑ ہے۔ جہاں ہمارے تخمینہ کے مطابق ۲۰۰۰ اور ۴۰۰۰ کے درمیان جملہ ہلاکتیں ہوئی ہیں۔

جہاں ہم ہلاکتوں کے بارے میں کہہ رہے ہیں ان میں وہ لوگ شامل نہیں ہیں جو لڑتے ہوئے مارے گئے ہیں بلکہ صرف وہی لوگ شمار کئے گئے ہیں جن کا سفاکانہ قتل کیا گیا ہے۔

اورنگ آباد ضلع مستقر کا ایک اچھے اور طاقتور ملٹری عہدیدار نے قبضہ حاصل کیا تھا۔ ان کی کوششوں خی وجہ سے ٹائن کو بچایا جاسکا۔ ٹاؤن میں ملٹری کے اس عہدیدار کا طرز عمل کے بارے میں بتایا گیا ہے کہ وہ بہت غیر معمولی تھا۔ اور انہوں نے جو اقدامات اٹھائے وہ بہت متاثر تھے۔ لیکن وہ ضلع ۱۰۰۰ اور اس سے زائد دیہاتوں کو بچا نہ سکے۔ ہمارے اندازے کے مطابق اورنگ آباد ضلع میں ۲۰۰۰ تا ۳۰۰۰ کے درمیان ہلاکتیں

ہوئی ہیں۔

اس کے بعد ضلع بیڑ کا نمبر آتا ہے۔ ہمیں دستیاب شہادتوں کے تنقیح کے بعد ضلع میں کی گئی ہلاکتوں کا تخمینہ ۱۰۰۰ تا ۱۵۰۰ کے درمیان ہو گا۔

ہم نے مزید دو اضلاع نلگنڈہ اور میدک کا دورہ کیا۔ دیگر علاقوں کے جہاں کا اہم نے دورہ کیا ہے یہ دو اضلاع کم متاثر ہوئے ہیں۔ نلگنڈہ کے چند دیہاتوں کا ہم نے دورہ کیا۔ جن علاقوں کا ہم نے دورہ کیا یا جن علاقوں کے بارے میں ہم نے ثبوت اکٹھا کئے وہاں جملہ ہلاکتیں ایک اندازہ کے مطابق پانچ سو تا چھ سو کے درمیان ہو گی اور سارے ضلع میں ہلاکتوں کے جو اعداد و شمار ہوں گے بہت محتاط طریقہ پر کم از کم ایک ہزار۔

ضلع میدک میں ہم صرف پانچ دیہاتوں کا دورہ کر سکے جو ہمارے سفر کے دوران سڑک سے لگے تھے۔ ان دیہاتوں میں صرف تیس ہلاکتوں کا تخمینہ کیا گیا ہے۔ ہم نے ضلع کے دیگر علاقوں بشمول میدک مستقر کے بارے میں شواہد حاصل کئے ہیں اور اموات کی جملہ تعداد ۴۵ بتائی جاتی ہے۔ ہمیں یہ بتایا گیا کہ ضلع میں تقریباً ۱۵۰۰ دیہات ہیں۔ اور ان میں سے چند غیر متاثر رہے۔ سارے ضلع میں جہاں تک ہلاکتوں کا سوال ہے محتاط طریقہ پر ۱۰۰۰ ہو گی۔

پس اس طرح ۸ اضلاع میں جہاں ہم نے دورہ کیا ہے ہلاکتوں کا تخمینہ تقریباً ۲۳۰۰۰ اور ۳۶۰۰۰ کے درمیان ہونا چاہئے۔ یہاں یہ بات قابل ذکر ہے کہ چار اضلاع، عثمان آباد، گلبرگہ، بیدر اور ناندیڑ شدید متاثر ہوئے ہیں۔ یہ اضلاع رضاکار کے طاقتور گڑھ بتائے جاتے ہیں۔ لاتور وہ ضلع ہے جیسا کہ ہم نے پہلے بھی بتایا ہے کہ قاسم رضوی کا اس سے تعلق ہے۔ ہم نے ان کے اجڑے ہوئے گھر کو بھی دیکھا ہے۔

ریاست کے دیگر ۷ اضلاع (مستقر حیدر آباد کے اطراف بلدہ کو شمار نہ کرتے ہوئے

ریاست کے ۱۶ اضلاع کے بارے میں) ہم نے جو شواہد حاصل کئے ہیں ان میں چار اضلاع، پربھنی، ورنگل عادل آباد، اور نظام آباد شامل ہیں۔ دیگر تین اضلاع جن کے نام ہیں رائچور، کریم نگر اور محبوب نگر نسبتاً پرسکون رہے لیکن مکمل طور پر غیر متاثر نہیں۔ بہت ہی معقول اندازہ کے مطابق ریاست میں جملہ ہلاکتوں کا تخمینہ تیس ہزار اور چالیس ہزار کے درمیان کیا جاسکتا ہے۔ کسی بھی صورت میں یہ پچیس ہزار سے کم نہیں ہوسکتے۔

ہلاکتوں کے سلسلہ میں ہم چند مزید واقعات کو یہاں رکھنا چاہتے ہیں۔ دہشت کے عالم میں مسلم آبادی ریاست کے مستقر علاقوں اور ان دیہاتوں کی طرف جہاں وہ خود کو محفوظ سمجھ سکتے ہیں فرار ہونے لگی۔ اس فرار ہوتی ہوئی آبادی کو دوران راستہ اور جنگلوں میں بڑے پیمانے پر قتل کیا گیا۔

کئی مقامات پر ہم نے کنویں اور باولیاں دیکھی ہیں جو لاشوں سے بھری پڑی تھیں اور لاشیں سڑ چکی تھیں۔ لاشوں سے بھرے ایک کنویں کو ہم نے دیکھا جہاں گیارہ لاشیں تھیں ان میں ایک عورت کی لاش بھی تھی اور اس عورت نے اپنے شیر خوار کو اپنی چھاتیوں سے لگا رکھا تھا۔ ایک اور مقام پر ہم نے دیکھا کہ بے شمار نعشوں پر مٹی ڈال دی گئی۔

ہم اس علاقہ کا معائنہ کرکے یہ اندازہ لگا سکتے ہیں کہ کتنی سفاکی سے یہاں قتل عام کیا گیا ہے۔ ظلم اور جبر اور سفاکانہ قتل عام کا یہ ناقابل تردید ایک مکمل ثبوت ہے۔ ہم نے ایسے کنویں دیکھے جو لاشوں سے بھرے تھے۔ کئی گڑھوں میں نعشیں پڑی ہوئی تھیں۔ کئی مقامات پر جلی ہوئی نعشیں ملیں۔ اور ہم نے دیکھا کہ جلی ہوئی ہڈیاں اور جلی ہوئی کھوپڑیاں میدانوں میں پڑی ہوئی ہیں۔

ان مقامات پر ہم نے وہاں مہلوکین کی بیواؤں کی آہ و بکا سنی۔ ان بے یارومددگار

عورتوں اور ان کے بچوں کے سامنے ان کے خاندانوں کے مرد افراد کا قتل کیا گیا اور قتل کرنے کے بعد ان کی نعشوں کو جلایا گیا۔ ہم نے آہ وبکا کرنے والے ان عورتوں کو تسلی دینے کی کوشش کی اور ان سے کہا کہ ان کی اس تمام بدبختی کی مہ دار ان کے ہم مذہب ان تمام لوگوں پر عائد ہوتی ہے جنہوں نے پچھلی حکومت میں ہندوؤں کو دہشت زدہ کر دیا تھا۔ ہم نے انہیں یقین دلایا کہ نئی حکومت یہ چاہتی ہے کہ ہندو اور مسلمان مل کر رہیں۔ ایک بار پھر پرامن طریقہ سے اچھے پڑوسی کی طرح بھائیوں کی طرح زندگی گزاریں۔

جہاں تک لوٹ مار کا سوال ہے قتل عام سے کہیں زیادہ لوٹ مچائی گئی ہے۔ ہم نے بے شمار مقامات کا معائنہ کیا اور کئی ایسے مالدار تجارتی مراکز دیکھے جہاں مرفع حال کچی و دیگر مسلم تاجران اور صنعت کار رہتے تھے۔ یہ تمام عملی طور پر نیست و نابود ہو گئے۔ عام اور غریب تر مسلمان کی حالت تو ان سے کہیں بدتر۔ ہم نے جو کچھ دیکھا بنا کسی مبالغہ آرائی کے ریاست کے ایک بڑے حصہ میں تمام مسلمانوں کی معاشی زندگی تہس نہس ہو کر رہ گئی۔ ہزاروں قلاش کر دیئے گئے۔ ہزاروں گھروں کے چھت اکھاڑ دیئے گئے، دروازے نکال دیئے گئے اور ان گھروں کا سامان لوٹ لیا گیا۔ ہمارے سامنے جو شہادتیں ملی ہیں ہم ان کی تفصیلات میں یہاں جانا نہیں چاہتے۔ لیکن یہ یقین ہے کہ جو املاک لوٹ لی گئی ہے یا تباہ کر دی گئی ہے۔ ان کا تخمینہ کروڑہا روپے کیا جا سکتا ہے۔

کئی مقامات پر آتشزنی ایک معمول بن گئی۔ عورتوں کے خلاف جرائم بہت عام تھے۔ ہمارے پاس اس بات کے ناقابل تردید ثبوت ہیں کہ کئی مقامات پر عورتوں نے اپنی عزت و عصمت بچانے کنوؤں میں چھلانگ لگا دی۔ کئی مقامات پر ایسا ہوا کہ عورتوں نے اپنے بچوں کو پہلے کنویں میں پھینکا اور اس کے بعد خود چھلانگ لگا دی۔

کئی مقامات پر عورتوں کو زبردستی ان کے گھروں سے نکالا گیا۔ انہیں کئی دنوں تک

رکھ کر ان میں سے چند کو ان کے گھر واپس بھیج دیا گیا۔ ہم جہاں جہاں گئے ان تمام اضلاع میں یہ واقعات ہوئے ہیں۔

ہمیں یہ بھی بتایا گیا کہ چند مسلم عورتیں اب بھی ہندوؤں کے گھروں میں ہیں۔ کئی مقامات پر مسلمانوں کی جائیدادیں، مسلمانوں کے گھروں پر ہندو غیر قانونی طور پر قابض ہیں۔ مسلمانوں پر ہندو تسلط بنائے ہوئے ہیں۔ ہم نے ریاستی انتظامیہ سے کہا کہ ایسی غیر منقولہ جائیدادیں اور ایسی عورتوں کو مسلمانوں کو واپس دلانے کے عاجلانہ اقدامات کئے جائیں۔ منقولہ لوٹی ہوئی املاک جائیداد نہ بھی دی جائے تو کوئی مضائقہ نہیں لیکن غیر منقولہ جائیدادوں اور عورتوں کی واپسی کو یقینی بنایا جائے۔

جہاں تک زبردستی تبدیلی مذہب کی بات ہے یہ عام طور پر دیکھی گئی ہے۔ ہم جہاں جہاں گئے ان تمام علاقوں میں جبری تبدیلی مذہب کیا گیا۔ محلہ کے تمام بالغ مردوں کو قتل کرنے کے بعد جو عورتیں اور بچے بچ گئے ہیں انہیں ہندو عقیدہ قبول کرنے کی ترغیب دی گئی۔ ہم نے سینکڑوں مسلم عورتوں کو دیکھا جنہیں زبردستی ان کے جسم پر اور پیشانیوں پر ہندو ہونے کا نشان لگایا گیا۔ جس طرح قدامت پسند ہندو رہتے ہیں انہیں اسی طرز پر ان عورتوں کو نشان لگائے گئے ہیں۔ یہ نشان تبدیلی مذہب کی علامت ہوتے ہیں۔ ان میں سے چند کے ہندو نام بھی دیئے گئے اور ان کے بازوؤں پر گہرے ٹٹو نشانات پوست کر دیئے گئے۔

ہم نے دیکھا کہ کئی لڑکوں کے کان چھید دیئے گئے ہیں۔ انہیں ہندو بنانے کے لئے اس طرح کی علامت کی گئی ہے۔ داڑھیاں نکالی دی گئیں۔ سروں کے بال نکال کر ہندو علامتی چوٹی رکھی گئی ہے۔ ہم نے ان مسلمانوں کی گردن کے اطراف ہندوؤں کے مقدس دھاگے کو دیکھا۔ کئی مقامات پر ہمیں یہ بتایا گیا کہ چند منتری جی (وزراء) ایک

مقام سے دوسرے مقام کو گھومتے ہوئے بے یارومددگار مسلمان عورتوں اور بچوں کو ہندو بنارہے ہیں۔ انہیں ہندو دھرم میں داخل کرتے ہوئے ان کے جسم پر مقدس دھاگہ لگا رہے ہیں وغیرہ۔

بنا کسی استثنیٰ کے ہم اس بات کو باور کرانا چاہتے ہیں کہ ہندووں کے مکانات میں اب بھی جو مسلم عورتیں ہیں ان کو وہاں سے نکالا جائے اور زبردستی جن تمام کی تبدیلی مذہب کیا گیا ہے اس عمل کو بالکل کالعدم قرار دیا جائے۔

ایک اہم ٹاؤن میں ہمیں یہ دیکھ کر دکھ ہوا کہ ایک اہم آریہ سماجی نے قانون کو اپنے ہاتھ میں لے لیا۔ اس نے مقامی آریہ سماجی مندر کو ایک سب جیل بنادیا۔ اپنی ہی ایماء پر وہ اپنے علاقہ اور متصل دیہاتوں سے مسلمانوں کو گرفتار کرتا اور انہیں اپنی بنائی ہوئی جیل میں ٹھونستا۔ انہیں چار پانچ دن اس سب جیل میں رکھا جاتا اور جو لوگ پیسے دیتے انہیں وہ رہا کردیتا۔ اور جو نہیں دیتے یہ کہہ کر یہ رضاکار انہیں پولیس کے حوالے کرتا۔ ، یہ سلسلہ ایک مہینے سے زیادہ جاری رہا۔ یہ جگہ اگر بس نہیں ہوتی تو یہ آریہ سماجی اپنے علاقہ کی دیگر عمارتوں کو اس مقصد کے لئے حاصل کرتا۔ ہم نے ان مقامات کا معائنہ کیا اور عمارتیں دیکھیں اور جائے مقام پر پہنچ کر معلومات بھی حاصل کی۔ چند علاقوں میں ہمیں یہ بتایا گیا کہ متاثرین کو ان عمارتوں سے نکال کر قریبی مندروں میں منتقل کیا گیا اور بعد میں مقدس فریضہ کے نام پر ان کا خاتمہ کر دیا گیا۔"

***

باب:۷

ہم سمجھتے ہیں کہ یہ ہمارا فرض ہے کہ ریاستی کانگریس کے بارے میں کچھ اظہار خیال کریں۔ ریاستی کانگریس ایک غیر فرقہ وارانہ جماعت ہے۔ ہوسکتا ہے اور ہمارا یہ ایقان بھی ہے کہ اس جماعت سے وابستہ کچھ افراد فرقہ وارانہ تعصب رکھتے ہوں لیکن بلاشبہ ہم یہ کہہ سکتے ہیں کہ کانگریسیوں کا ایک طبقہ امیدوں پر پورا نہیں اتر سکا۔

پولیس ایکشن کے فوری بعد کئی واقعات میں کانگریسیوں نے قانون کو اپنے ہاتھ میں لیااور کئی موقعوں پر وہ عملاً ایک متبادل نظم ونسق چلارہے تھے۔ حالانکہ یہ چیز انہیں زیبا نہیں دیتی۔ کئی مقامات پر ہم نے یہ شکایت سنی کہ کچھ لوگ مسلمانوں سے ربط پیدا کرتے ہیں۔ وہ مسلمان جنہوں نے گھر بار نہیں چھوڑا یا پھر وہ جو دوبارہ واپس آئے ان سے جبراً رقم وصول کی جاتی اور اس کے بدلے میں ان کو تحفظ دینے کا وعدہ کیا جاتا۔

ایک مقام پر ہمیں یہ بتایا گیا کہ اس طرح جو رقم اینٹھی جاتی ہے اس کے ہر روپے میں چار آنے مقامی پولیس کو جاتے ہیں، چار آنے وہ شخص کو جاتے ہیں جو یہ مظلوم سے اینٹھتا ہے اور مابقی آٹھ آنے کانگریسیوں کے حصے میں آتے ہیں۔ ہم شاید اس طرح کی شکایتوں اور کہانیوں پر یقین نہیں رکھتے لیکن ایک مقام پر ڈسٹرکٹ سپرنٹنڈنٹ آف پولیس نے ہم سے خود کہا کہ کانگریسیوں کی اتنی شکاتیں ہیں کہ انہوں نے اس طرح جبراً وصولی کے ذریعہ نظم ونسق کو مشکل میں ڈال دیا ہے۔

ہم نے حیدرآباد میں کانگریس کے دو اہم قائدین کے سامنے یہ شکایتیں رکھیں۔

انہوں نے اس طرح کی شکایتوں کا اعتراف کیا اور کہا کہ ایسی شکایتیں حیدرآباد میں کانگریس کے ہیڈ کوارٹر کو مل رہی ہیں۔ دولت مند کچی تاجروں کے ایک اہم ترین ٹاون میں ایک تاجر کی دکان لوٹ لی گئی اور جزوی طور پر اس کو جلا دیا گیا۔ اسے اپنی تباہ دکان کی عمارت دوبارہ حاصل کرنے کے لئے مقامی کانگریسیوں کو پندرہ ہزار روپے کا چیک اور اس کے علاوہ دس ہزار روپے نقد ادا کرنے پڑے۔

ہمیں یہ بھی بتایا گیا کہ مسلمانوں کی قابل زراعت ترک کی ہوئی اراضیات کو کانگریسیوں نے ہراج کر دیا۔ اسے مقامی ہندوؤں کو بطور تحفہ دیا گیا۔ اس شرط پر یہ اس کی آدھی فصل کانگریسیوں کے حوالے کی جائے۔ ہمیں یہ یقین ہے کہ اس طرح کی نا انصافیوں سے نہ تو نظم و نسق کو مدد ملتی ہے اور نہ ہی اس کی ساکھ قائم ہو سکتی ہے۔

ہمیں ہندوستانی فوج کے بارے میں کچھ کہنا ہے۔ بہ حیثیت مجموعی بلا شبہ ہندوستانی آرمی نے میجر جنرل جے این چودھری کی قیادت میں بڑی شجاعت کا مظاہرہ کیا ہے۔ جنرل چودھری کو ہم نے کسی قسم کے فرقہ وارانہ تعصب سے پاک شخص پایا۔ انہوں نے دونوں طبقات کو پر امن رکھنے اور مساوات کو برقرار رکھنے کی ہر ممکنہ کوشش کی ہے اور اس کے بیشتر ماتحت عہدیداروں میں اسی جذبہ کے تحت کام کیا ہے لیکن یہاں ایک بار پھر بلا شبہ ہم یہ کہہ سکتے ہیں کہ ہندوستانی فوج کا ایک طبقہ فرقہ وارانہ احساسات سے پوری طرح پاک نہیں ہے۔

کئی مقامات پر مسلح افواج نے دیہاتوں اور ٹاونس سے مسلم بالغ مردوں کو باہر نکالا اور ان کا سفاکانہ قتل عام کیا۔ کئی مقامات پر فوج نے ہندو ہجوم کو ترغیب دی کہ وہ مسلمانوں کے دکانوں اور گھروں کو لوٹ لیں۔ چند مقامات پر فوج بھی لوٹ مار میں شامل

رہی۔ ایک ضلع کے ٹاؤن میں نظم ونسق کے موجودہ ہندو سربراہ نے ہمیں یہ بتایا کہ ملٹری نے مسلمانوں کی دکانات کو بری طرح لوٹ لیا۔ حتیٰ کہ انہوں نے سرکاری عمارتوں کو بھی لوٹ لیا۔

ایک دوسرے ضلع میں سپاہیوں نے منصف کے گھر کو لوٹ لیا اور تحصیلدار کی بیوی سے دست درازی کی۔ عورتوں کے ساتھ دست درازی، لڑکیوں کی غوا کی کئی شکایتیں ملٹری کے خلاف بالخصوص سکھ فوجیوں کے خلاف موصول ہوئیں۔ یہ کوئی شاذو نادر واقعات نہیں ہیں بلکہ بڑے پیمانے پر اس کا ارتکاب کیا گیا ہے۔ لوٹ مار کے دوران عام طور پر جیسا کہ ہم کو بتایا گیا کہ کئی مقامات پر ملٹری نے نقدی سونا چاندی پر ہاتھ مارا اور دوسری چیزوں کو ہجوم میں بانٹ دیا۔

یہ واقعات فطری طور پر ریاست میں مسلم آبادی کے لئے مایوس کن ہیں۔ یہ تمام مسلمان کم و بیش دہشت زدہ ہوگئے۔ ایک اور بات جو تعلیم یافتہ مسلمانوں میں شکوک و شبہات کو پروان چڑھا رہی ہے وہ پولیس ایکشن کے بعد سرکاری خدمات میں تبدیلی سے متعلق ہے۔ پولیس ایکشن کے فوری بعد کئی مسلم عہدیداروں اور ملازمین نے عہدے چھوڑ دیئے اور کئی عہدیداران و ملازمین کو پچھلی حکومت کا ہمدرد سمجھتے ہوئے انہیں شک کے دائرہ میں رکھا گیا۔

نئے تقررات میں تبدیلیاں فطری ہیں اور یہ بات بھی فطری ہے جو نئے تقررات کئے گئے ہیں ان میں سے بیشتر ہندوؤں کے کئے گئے ہیں۔ کچھ لوگوں کو ریاست کے باہر سے یہاں لایا گیا۔ حکومت جن پر بھروسہ کرسکتی ہے ان کا تقرر کرتی ہے لیکن یہ بات بھی مساویانہ طور پر فطری ہے کہ ایک تعلیم یافتہ مسلمان اس کے بارے میں شکوک و

شبہات محسوس کرے گا۔

کئی ہندوؤں کو جو چھوٹے عہدوں پر تھے انہیں اعلیٰ عہدوں پر فائز مسلمانوں سے اوپر کر دیا گیا۔ شک کی بنیاد پر کئی مسلمانوں کو خدمات سے معطل کیا گیا۔ کئی مسلمانوں سے کہا گیا کہ وہ رخصت پر چلے جائیں۔ مسلم ملازمین سرکار کی ترقیات کو روک دیا گیا۔

یہ بھی کہا گیا کہ ہائی کورٹ کے تین ججس کو ان کے عہدوں سے ہٹا دیا گیا اور چیف جسٹس سے کہا گیا کہ وہ ہندیونین سے تعلق رکھنے والے ایک فاضل شخص کے حق میں اپنا عہدہ چھوڑ دیں اور خود بہ حیثیت جج خدمت انجام دیتے رہیں۔

نظم و نسق میں تبدیلی کے لئے ماضی اور حال کے عہدیداروں کی خدمات سے متعلق چند افراد ذمہ دار ہیں۔ ہم نے بہت ہی احتیاط کے ساتھ اس کا مشاہدہ کیا ہے اور اس کے بعد ہم نے جو نتیجہ اخذ کیا ہے وہ ہم آپ کے سامنے پیش کر رہے ہیں۔ ہم نے جو کچھ تمام دیکھا ہے اس کا مکمل خلاصہ اور اس کا ضمیمہ (اضافہ شدہ) کو بیان کیا ہے۔

(اس سے متعلق چھ صفحات کا تسلسل جو واقعات سے متعلق ہے، اختتامیہ ایک دوسرے کے ساتھ۔۔۔ کمیٹی کے ارکان۔۔۔نے قلمبند کئے ہیں۔)

پنڈت سندر لال کی اس کمیٹی نے جو خیر سگالی مشن کا ایک حصہ ہے، نے پولیس ایکشن ۱۷ ستمبر ۱۹۴۸ کو ہوا ہے۔ اس وقت جو حالات پنڈت سندر لال کمیٹی کی آمد (اواخر نومبر) تک ہوئی اس کے بارے میں کسی سرکاری ذرائع نے ضبط تحریر کرنے کی کوشش نہیں کی۔ ملک کی تقسیم کے وقت بر صغیر میں بڑے پیمانے پر ہنگامے ہوئے۔ مختلف مورخین نے ان ہنگاموں کو کتابوں کے صفحات میں قلمبند کیا ہے لیکن حیدر آباد کا المیہ ۲۰ ویں صدی کا ایک ایسا سیاہ باب ہے کہ جس کے بارے میں کوئی مسلمہ تاریخ نہیں لکھی

گئی۔ سقوط حیدرآباد کے بعد تعلیمی نصاب اور محققین نے جو کچھ بیان کیا ہے اس میں پچھلی حکومت کو قوم دشمن اور مسلمانوں کو مخالف کی حیثیت سے پیش کرنے کی کوشش کی گئی ہے۔ ایسے دور میں جب کہ ذرائع ابلاغ کو اتنی وسعت نہیں تھی اس کے باوجود خود پنڈت سندرلال کے مطابق سابق ریاست حیدرآباد میں رضاکاروں کی سرگرمیوں کو اتنا بڑھا چڑھا کر مبالغہ آرائی کے ساتھ پیش کیا گیا کہ پورے ملک میں اس کے ذریعہ ہندوؤں کو یہ تاثر دینے کی کوشش کی گئی کہ دکن (حیدرآباد) میں ایک نیا پاکستان بنانے کی کوشش کی جا رہی ہے۔

پنڈت سندرلال کے مطابق رضاکار دراصل ایک سماجی تحریک تھی جو بدلتے ہوئے سیاسی حالات میں اس نے ایک موقف اختیار کیا تھا۔ حیدرآباد کا یہ المیہ رہا کہ نہ تو اس کی کوئی حقیقی تاریخ مرتب کی گئی اور نہ ہی ہندوستانی فوج، کانگریسی، آریہ سماجی، بیرون حیدرآباد سے آئے لوگ بالخصوص ناگپور، شولاپور وغیرہ سے تعلق رکھنے والے۔

پنڈت سندرلال کے مطابق ایک فرقہ وارانہ ہندو تنظیم سے تعلق رکھنے والوں کے حیدرآبادی مسلمانوں پر کئے گئے جرم استبداد، قتل عام، تبدیلی مذہب، عورتوں کی توہین اور بے شمار جرائم کی داستانوں کے بارے میں قلم خاموش ہیں۔

پنڈت سندرلال کی یہ رپورٹ مرکزی وزارت داخلہ کے برفدان میں پڑی ہوئی ہے۔ اس رپورٹ کو آج تک عوام کے سامنے نہیں لایا گیا۔ چند ذرائع کی مدد سے یہ رپورٹ باہر آ سکی۔ اس رپورٹ کو عوام اور قارئین روزنامہ 'اعتماد' (حیدرآباد، آندھرا پردیش) تک پہنچانے صدر کل ہند مجلس اتحاد المسلمین و رکن پارلیمنٹ حیدرآباد بیرسٹر اسدالدین اویسی کا تعاون حاصل رہا ہے۔

آندھرا پردیش کے موجودہ علاقائی مسائل علیحدہ ریاست تلنگانہ کی تشکیل جیسے

معاملات میں حکومت ہند کی جانب سے تشکیل دیئے گئے گروپ آف منسٹرس سے مجلس اتحاد المسلمین نے جو نمائندگی کی ہے اس نمائندگی میں تحریر اً پنڈت سندر لال کی اس رپورٹ کے حوالے دیئے گئے ہیں۔

اس حوالہ سے مجلس اتحاد المسلمین نے یہ بات بتانے کی کوشش کی ہے کہ ماضی میں جو کچھ حیدرآباد اور حیدرآبادی عوام کے ساتھ ہوا اس کو بھلایا نہیں جاسکتا۔ اور مستقبل میں جب علاقائی معاملات کی یکسوئی کے لئے کوششیں جاری ہیں ایسے میں ماضی کے ان سیاہ واقعات کو مد نظر رکھتے ہوئے آنے والے کل کی تقدیر کو مرتب کیا جائے۔

∗ ∗ ∗